Anna Beier
Sri Lanka

DIVISIONS AFFECTED BY TSUNAMIS

Anna Beier

Sri Lanka

Ich erlebte die Hölle im Paradies

Verlag Liber Libri
A-1130 Wien, Elßlergasse 17
Tel. +43 (0)1 877 04 26
D-45473 Mülheim a. d. Ruhr
Dr.-Simoneit-Straße 36
Tel. +49 (0)208 75 69 59
E-Mail: buch@verlag-liber-libri.at
Lektorat: Susanna Harringer
Gestaltung des Buchumschlag nach einem Entwurf von
Peter Alscher/Pixabilities
Druck und Bindung: Börsedruck, Wien
Printed in Austria.
1. Auflage
© 2009 Alle Rechte vorbehalten

Die Deutsche Bibliothek – CIP-Einheitsaufnahme
Ein Titelsatz für diese Publikation ist bei der
Deutschen Bibliothek erhältlich.

ISBN 978-3-85481-056-8

Der Verlag Liber Libri im Internet:
http://www.verlag-liber-libri.at

Das Werk ist urheberrechtlich geschützt. Die vollständige oder auszugsweise Speicherung in Datenverarbeitungsanlagen und die Wiedergabe im Internet, die Vervielfältigung oder Übertragung dieses Werkes als Ganzes oder in Teilen, ob elektronisch, mechanisch, durch Druck, Fotokopie oder auf elektronischem Wege ist ebenso wie die Übersetzung ohne schriftliche Genehmigung des Rechtsinhabers untersagt.

Als moderner Verlag berücksichtigen wir bei der Herstellung unserer Bücher die Prinzipien ressourcenschonender und ökologisch sensibler Produktion und verlangen auch von unseren Geschäftspartnern, dass sie sowohl beim Herstellungsprozess als auch beim Einsatz der zur Verwendung kommenden Materialien auf ökologische und ethische Grundsätze Bedacht nehmen.

Dank

Zuallererst möchte ich meinem Gatten danken, der mir Mut gemacht hat und immer voller Zuversicht an eine Veröffentlichung glaubte.

Ebenso möchte ich meiner Familie danken, die mich nie – auch wenn sie in diesem Buch nicht immer bestens dargestellt wurde – an einer Veröffentlichung hindern wollte. Zur Erklärung – ich liebe meine Familie, sehr sogar. Dennoch fühle ich mich mit meinem teilweise abstrusen Gedankengut nicht immer verstanden. Man kann aber auch Menschen lieben, die einen nicht verstehen.

Inhaltsverzeichnis

Teil I 9
Als das Paradies noch paradiesisch war 11

Teil II 39
Tsunami 41

Teil III 91
Zurück in Wien 93

Nachwort 99
Über die Autorin 103

Teil I

Dienstag, 14. Dezember 2004

Als das Paradies noch paradiesisch war

Endlich ist es wieder so weit. Heute Abend geht der Flug – mit mir und meiner Freundin Ireen und ihrer Schwester Fiona und Ireens Freundin Cathleen an Bord – in unser geliebtes Sri Lanka. Gemeinsam wollten wir Fiona alle Schönheiten dieser Perle der Natur zeigen.

Unsere Freude war groß, dennoch hatte mich ein unheimliches Gefühl beschlichen, als wir das Flugzeug bestiegen: War es richtig zu fliegen, sollte ich nicht besser hier bleiben? Wir nahmen unsere Plätze ein, dank Karsten hatten wir wieder fußfreie, bequeme Traumsitze. Schließlich rollte die Maschine zur Piste ...

„Aussteigen! Ich will aussteigen! Lassen Sie mich augenblicklich aussteigen!", rief ich und erschrak – über meinen impulsiven Schrei wie auch darüber, dass niemand reagierte. Nicht einmal meine Freundin Ireen! Ein Seitenblick verriet mir, dass ihr Geist von Gedanken, vielleicht auch von Träumereien gefesselt oder sogar entfesselt war. Plötzlich, urplötzlich spürte ich jenen Augenblick! Den Augenblick, der, obwohl er nur einen Wimpernschlag lang währt, die Zeit zu dehnen scheint. Den Augenblick, in dem die beginnende Bewegung noch statisch rotiert. Meine Atemlosigkeit veranlasste mich, nach Luft zu schnappen ... Unvermutet kam es mir so vor, als würden in meinem Magen Ameisen krabbeln. Meine verzweifelt arbeitenden Finger peinigten meine Nerven. Ich musste es unbedingt rechtzeitig schaffen! Immerhin saß Ireen am Fenster, ich hatte also freie Bahn. Alle Mittel schienen mir nun gerechtfertigt, wenn ich nur aussteigen konnte. Endlich öffnete sich der Verschluss meines Gurtes. Ich sprang auf und lief zum „Flügelfenster", an dessen Klinke ich wie besessen drehte, während ich die rotierenden Räder des Fahrgestells wie einen sehr heftigen Pulsschlag spürte.

Der schrille Schrei „Sind Sie wahnsinnig?" peitschte mir durchs Bewusstsein. Ich blickte auf – in die höchst besorgten grauen Augen einer Stewardess. „Fühlen Sie sich nicht wohl? Leiden Sie unter Flugangst? Wollen Sie eine Tablette dagegen?", fragte sie mich sehr freundlich.

„Nein, nein! Danke! Es geht schon!", antwortete ich verlegen und war zugleich heilfroh, dass ich bloß von meiner durchbrennenden Fantasie genarrt und nicht tatsächlich Opfer meines wahnwitzigen Vorhabens geworden war. Als abermals „Aussteigen!" in meinen Ohren hallte, spürte ich, wie sich die Räder von der Piste trennten. Wenige Augenblicke später schwankte das Flugzeug eigenartig heftig. Ein Blick aus dem Fenster offenbarte mir – noch fast greifbar nahe – scheinbar schwankende Grabsteine. Nun glaubte ich Tausende von Stimmen zu hören, die mir zuriefen: Aussteigen!

Ireen sprach auf mich ein. Ihre Worte klangen für mich wie eine fremde Sprache. Auch meine eigene Stimme kam mir ganz fremd vor. Schließlich merkte ich, dass Ireen, meine langjährige Freundin, befremdet den Kopf abwendete und aus dem Fensterchen schaute, in dem nun, wie in einem Bilderrahmen, die Gräber immer mehr schrumpften.

Was war nur los mit mir? In mir? Bei diesem Flug nach Sri Lanka, dem dritten binnen eines Jahres, konnte ich es kaum erwarten, wieder in Colombo zu landen, und trotzdem befahl mir eine Stimme, nicht unbedingt meine eigene, vielleicht eine Stimme der Vorahnung, unbedingt auszusteigen! Wie in der Ordination – ich sehe ihn wieder vor mir, meinen Arzt. Er hatte mir geraten, die Reise anzutreten. Er meinte, ich hätte eine Erholung dringend nötig. Ich konnte ihm nur beipflichten. Meine biologische Familie hatte mir in der Vergangenheit nicht immer nur die reinste Freude gemacht. Doch mit den Mitgliedern der „Familie meines Herzens" würde ich mich nun in Sri Lanka treffen. Nach langer Zeit würden wir uns dort – wieder einmal vollzählig – einfinden. Es ist schon erstaunlich, wie Menschen unterschiedlichster Nationalitäten so eng zusammenwachsen können, wie sie sich trotz Tausender Meilen räumlicher Trennung im Herzen so nahe sein können. Und wieder drang mir die Stimme meiner unheimlichen Vorahnung ans Ohr: Aussteigen! Sofort umkehren! Als ich damals, im Flugzeug, wortwörtlich vor Angst schwitzte, war ich vollkommen verwundert über den zuerst leise und langsam, doch dann sehr schnell und laut zu mir herrollenden, zuletzt donnernden Ton der diktatorischen Stimme. Wie seltsam! Eine Vorahnung, die dem tatsächlichen Geschehen gleichsam naturgetreu vorausgegangen war! Seitdem weiß ich, dass menschliche Hellsichtigkeit nicht unbedingt etwas mit Scharlatanerie zu tun haben muss. Wie sich unmittelbar vor der Katastrophe zeigte, gehorchten viele Tiere ihren scharfen Instinkten und versuchten, schnellstens landeinwärts zu flüchten. Zweifellos ist es ein vergnügliches, mitunter sogar fruchtbares intellektuelles Spiel, schöne, vernünftige Theorien zu konstruieren … Wenn ich aber – traumatisiert – zurückblicke, sage ich mir, es ist eine Todsünde, sensenscharfen Gefühlen nicht zu trauen! Damals, auf dem Flug nach Colombo, durchpulste mich ständig eine unerträgliche Unruhe, und meine Rettungsringe, meine heiß geliebten Glimmstängel, die doch so wunderschöne Rauchfädchen bildeten, durfte ich nicht anzünden. Ich hätte, wie die anderen Fluggäste, die vom Nikotin gequält wurden, die das Nikotin schmerzlich vermissten, bei einer Qualm auslösenden Streichholzbewegung unseren Hexenprozess fliegend, leibhaftig fliegend erlebt. Ich fragte mich, wie viele Zigaretten raucht ein amerikanischer Fabriksschlot auf einer Waffenfabrik? Als Begleiterscheinung meiner Vorahnungen, möglicherweise auch bedingt durch den schmerzlichen Nikotinentzug, schärften sich meine Sinne. Zu meinem Erstaunen wollte ich zum ersten Mal die Zeit berühren. Wie Schmetterlinge wollte ich die uns von Augenblick zu Augenblick entgleitenden Sekunden einfangen. All diese Myriaden von Augenblicken einfangen, die sich seit der kosmischen Genesis angehäuft hatten. So verrückt es mir auch erschien, plötzlich wollte ich wissen, welche Erlebnisse jeder Augenblick in sich barg. Und selbst wenn ich fähig gewesen wäre, mich auch nur für einige Augenblicke in das Bewusstsein von sechs Milliarden Menschen einzuschleichen – was für eine Festplatte hätte ich in meinem Kopf haben müssen, um tatsächlich alles überblicken, um alles nachempfinden zu können? Waren nicht sogar hier, in diesem Flugzeug, alle Fluggäste voneinander getrennt wie einander verdrängende Augenblicke? Die Nähe, die uns Menschen – menschlich oder auch weniger – verbindet, verkörpert sie nicht zugleich Einsamkeit, Depressionen beflügelnde Unzufriedenheit? Ich wollte also augenblicklich wissen, was überall auf dieser unter uns rotierenden Welt geschah. Wie viele Unfälle, Geburten, Todesfälle, Morde und Selbstmorde in diesem beziehungsweise im nächsten Augenblick stattfanden. Vor allem wollte ich erfahren, wie viele Menschen, so wie ich, aussteigen wollten, aus ähnlichen oder auch aus ganz anderen Gründen. Das Aussteigen aus dem Beruf und Einsteigen in eine alternative Lebensweise ist nicht mehr allzu modern … Nicht mehr modern, aber noch immer sehr aktuell ist es, des Lebens Tretmühle entrinnen und nur noch hedonistischen Gelüsten frönen zu wollen. Ein Genuss, den sich Steinreiche spielend leisten können, bis sie vielleicht – ihren Schätzen zum Trotz – doch lebensmüde werden. Eine andere Kategorie Aussteiger sind die Selbstmörder, sie haben unterschiedlichste Motive, ein für allemal aussteigen zu wollen, aus des Lebens lebenshungrigem Lauf …

Es war so, als schaute ich plötzlich meinem Geist über die Schulter – diese Reise diente zwar der Erholung, war als Vergnügen gedacht, doch zugleich erschien sie mir nun wie eine Flucht. Die beständige Pflicht, sich zu bewegen und zu regen, um des Lebens noch gültigen Garantieschein verbürgt zu sehen – diese vorwiegend westliche Lebensweise musste Fluchtgedanken doch begünstigen. Da es unserer industrialisierten und kommerziell orientierten Mentalität nicht gelingen will, uns gänzlich in andere hineinzuversetzen, können wir nie haargenau wissen, ob nicht so manche lichterloh brennende Seele gar keine andere Wahl hatte, als unsere wachsende Selbstmordstatistik – man könnte sie auch als „Selbstmordsadistik" bezeichnen – weiter zu erhöhen …

Natürlich sind nicht alle Asiaten gebildete, zenbuddhistische Mönche, aber alles in allem sind sie wesentlich zufriedener und augenscheinlich glücklicher, in ihrem Gemüt geht die Sonne fast nie unter.

Und die Auserwählten, die buddhistischen Mönche … höchstwahrscheinlich sind sie nicht – wie wir – stets auf der Flucht, rennen nicht am eigenen Leben atem- und fast besinnungslos vorbei! Höchstwahrscheinlich sind sie fähig, schöne, wunderschöne Augenblicke zu verewigen, fähig, weit mehr zu überblicken als wir übersehen wollen.

Kein Wunder, dass ich mehr und mehr an die Lage der Singhalesen denken musste.

Da wich schlagartig diese Überreizung meiner Fantasie, und ich konnte meine Gedanken geordnet der ausgesprochen schwierigen wirtschaftlichen Lage der Singhalesen zuwenden.

Im Laufe unserer Besuche in diesem Land haben wir schon viele Freundschaften geschlossen, sowohl mit Europäern als auch mit Singhalesen. Allerdings haben sich auch einige Abneigungen gegen so manche in Sri Lanka lebende Europäer entwickelt. Einige von ihnen zeigen eine derartige Ignoranz gegenüber der Bevölkerung, dass ich sie nicht akzeptieren kann – genauso wenig wie dies meine in Sri Lanka lebenden europäischen Freunde können. Wir empfinden das Verhalten vieler Europäer als Ausbeutung der dortigen Bevölkerung.

Aussagen wie „Was willst du, der verdient bei mir 8.000 Rs, das ist mehr als genug. Mit diesem Einkommen gehört er zu den Reichen. Was braucht ein Singhalese mehr?" hört man oft von in Sri Lanka ansässigen Europäern. Sogar Bemerkungen wie „Den Singhalesen genügt es, Reis zum Essen zu haben, sie fühlen sich wohl in ihren Blech- oder Holzhütten. An das Stromnetz sind die wenigsten angeschlossen. Wozu brauchen sie denn mehr Geld?" kommen vor.

Solche Sätze tun mir weh. Oft schäme ich mich dafür, Europäerin zu sein. Ich habe mich bei all meinen Besuchen in Sri Lanka viel mit den Einheimischen beschäftigt. Sie würden natürlich sehr gerne etwas anderes als Reis und Gemüse essen, sie würden gerne in besseren Quartieren leben. Die meisten von ihnen sind Buddhisten, und fast alle sind gläubig. Der Glaube gebietet ihnen Zufriedenheit. Selten hört man einen von ihnen jammern. Die meisten von ihnen finden sich damit ab, wenig zu besitzen – sie haben gelernt, sich damit zu arrangieren.

In einem haben diese Europäer sicherlich recht: Ein Singhalese, der 8.000 Rs verdient, ist „relativ" gut dran, denn die Mehrheit hat meist nur 3.800 bis 4.500 Rs. Damit muss eine ganze Familie ernährt werden. Natürlich bleibt bei einem derart geringen Einkommen kein Geld für einen Anschluss an die Elektrizität übrig, ebenso besteht kaum eine Möglichkeit, die Blech- oder Holzhütten auch nur gegen ein bescheidenes kleines Haus zu tauschen. Hauptsache, die Ausländer, die sich dort angesiedelt haben, leben gut.

Allerdings gibt es auch Europäer, die anders denken. Es sind jene, die bestrebt sind, für ihr Personal bescheidene, aber menschenwürdige, saubere und helle Quartiere auf ihren Anwesen zu bauen.

Ich konnte mit ansehen, wie diese Singhalesen auflebten und wie sehr sie ihren Arbeitgebern ergeben waren. Das sind auch jene Europäer, die um ihr Anwesen keine Angst haben müssen, wenn sie nach Europa fahren. Sie wissen, dass ihr Personal es bewacht und sichert. Es sind meistens auch jene, deren Besitz auf ihren eigenen Namen eingetragen ist. Viele kaufen Land und Häuser nämlich auf den Namen von Singhalesen. Das ist der denkbar schlechteste Weg, den man einschlagen kann. Die Besitzurkunde weist einen Einheimischen aus, der dann weiter ausgenutzt wird – was will man in so einem Fall noch erwarten?

Dass dieser Mensch sich für den wirklichen Eigentümer einsetzt, für einen Lohn, der zum Leben zu wenig und zum Sterben zu viel ist, während er mit ansehen muss, dass der europäische Arbeitgeber alles hat und essen kann, was alle gerne möchten, und er als Singhalese mit einer Handvoll Reis abgespeist wird? Und dafür musste er sogar seinen Namen hergeben, nur um seinem Arbeitgeber Steuern zu ersparen!

Wenn ein Ausländer in Sri Lanka Grundbesitz erwirbt, hat er 100 Prozent des Kaufpreises an Steuern zu bezahlen. Viele sind dazu nicht bereit, und sie suchen sich einen Singhalesen, versprechen ihm Arbeit und ein sicheres Monatseinkommen dafür, den Besitz inzwischen auf seinen Namen kaufen zu können. Langfristig hoffen sie auf eine Gesetzesänderung. Jedem dieser Menschen sollte bewusst sein, dass er damit ein hohes Risiko eingeht, betrogen zu werden, vor allem, wenn er den Strohmann auch noch ausbeutet.

Solche Gedanken beschäftigten mich während des Flugs nach Colombo. Aber trotz alledem freute ich mich riesig auf die Landung – darauf, dass mein Herz wieder frei sein würde. Darauf, weg von allen Gedanken an Business um jeden Preis zu sein, weg vom „Geld regiert die Welt", wieder einzutauchen in das Gefühl „Nur der Mensch zählt". Alle Freunde wiederzusehen, unabhängig von Nationalität und Stand, Menschen, die ebenso wie ich den Wunsch hegen, die Lage – zumindest einiger, besonders armer Einheimischer – zu verbessern. Alle verwirrenden, unheilvollen Gefühle und Gedanken waren wie weggeblasen, sie hatten sich in den wunderschönen Wolkengebilden verflüchtigt, die wir durch die Fenster sehen konnten.

„Drei Wochen wieder das Klima genießen, wieder in der herrlichen Natur lustwandeln zu können – wie freue ich mich darauf!", sagte ich zu Ireen. Sie lächelte mich an, und ich wusste, sie freute sich genauso wie ich.

Der Schmutz und die Kühe auf den Straßen, das alles hat mich nie besonders gestört. In Europa würde ich mich fürchterlich darüber aufregen, in Sri Lanka gehört es zum täglichen Bild. Wenn man jedoch genauer hinschaut, erkennt man sofort, dass die Singhalesen – obwohl es gar nicht den Anschein hat – ein sehr sauberes Volk sind. Sie bräuchten nur Hilfe und Unterstützung, um die Straßen sauber zu halten. Man müsste es ihnen beibringen, ihnen zeigen. Die Natur ist dort sicherlich „mehr" in Ordnung als im sauberen und zivilisierten Europa.

Wenn ich es mir leisten könnte, würde ich mich ebenfalls in diesem Teil der Welt ansiedeln, mir etwas mieten, um einen Teil des Jahres dort, vorzugsweise in Bentota, leben zu können. Woher aber das Geld dafür nehmen? Nur einige Monate im Jahr arbeiten und die restliche Zeit blaumachen, das gibt es leider nicht. Derartige Gedanken beschäftigten mich schon, wie jedes Mal, auf dem Flug. Es bleibt nur zu warten und zu hoffen, dass ich irgendwann einmal, in fernen Jahren, die Pension erlebe, um dann meinen Traum zu verwirklichen.

Endlich war es so weit, durch die Zeitverschiebung war es mittlerweile Mittwoch, der 15.12.2004, 10 Uhr. Unser Flugzeug befand sich bereits im Landeanflug auf den Flughafen Colombo. Wahrscheinlich werden wir wie immer noch ein, zwei Warteschleifen ziehen, dachte ich. Ich nahm Ireen bei der Hand und sagte zu ihr: „Na, wie fühlst du dich?"

„Endlich wieder daheim", lachte sie mich an. Diesmal begleitete uns auch Ireens Schwester, Fiona. Ich kannte sie bei Weitem nicht so lange wie Ireen, dennoch hatte ich sie bereits lieb gewonnen. Die Schwestern haben ein bemerkenswert gutes Verhältnis. Das war mir sowohl in Irland als auch in Wien aufgefallen. Mich erinnerte das an meine denkbar schlechte Beziehung zu meiner eigenen Schwester – der Gedanke daran machte mich traurig, daher schob ich ihn schnell wieder weg. Ich freute mich mit Ireen darauf, ihrer Schwester Fiona unseren Ruhepol Sri Lanka zeigen zu können und ihr die Schönheiten des Landes näherzubringen.

Ireen und ich waren schon neugierig, wer uns am Flughafen abholen würde. Unsere gemeinsame Freundin Regine, eine Österreicherin, die in Aluthgama ein Gästehaus betreibt, hatte sicher einen Abholdienst organisiert, und wir freuten uns auch darauf.

Wir träumten bereits davon, wieder mit allen unseren Freunden auf der Terrasse zu sitzen, alle Ereignisse der letzten Monate erzählt zu bekommen und auch die Gelegenheit zu haben, unsere Erlebnisse ausführlich zu erzählen.

Nachdem wir die Einreiseformalitäten hinter uns gebracht hatten, konnten wir schließlich das Flughafengebäude verlassen. Kalu und Teddy holten uns ab. Freudig begrüßten wir einander.

Wir hatten vorausblickend viel Schokolade im Gepäck. Sie ist eines der beliebtesten Mitbringsel, die Einheimischen lieben unsere Schokolade nämlich heiß. Außerdem hatte ich für Regine reichlich Extrawurst und haufenweise Mehrkornweckerl zum Aufbacken mitgebracht. Daher lehnten wir die Einladung, auf dem Heimweg in einem Lokal Reis und Curry zu essen, dankend ab. Wir wollten dem Mitgebrachten keine Möglichkeit geben, im letzten Augenblick noch zu verderben. Außerdem konnten wir es kaum erwarten, die übrigen Freunde zu sehen. Unsere Vorfreude zog uns wie magnetisch an den Fluss, ans Meer, an den Strand. Zuallererst wollten wir aus unseren verschwitzten Kleidern herauskommen und uns in die Wellen stürzen, um uns anschließend mit allen anderen zu einem Begrüßungsessen auf der Terrasse oder in der Cabana zu treffen.

Unsere Vorfreude wurde auch diesmal nicht enttäuscht. Eigentlich wollte ich, wie jedes Mal, noch am selben Tag auf dem Fluss in die Mangrovenwälder fahren. In dieser unberührten Natur fühlte ich mich immer frei wie ein Schmetterling im Wind.

Als wir endlich unsere Zimmer bezogen hatten und anschließend erfrischt aus dem Meer kamen, stellten wir fest, dass es für die Flussfahrt schon etwas zu spät war. Wir schlüpften aus unseren Badeanzügen in bequeme Freizeitkleidung und eilten in unseren geliebten Garten, wo wir bereits freudigst erwartet wurden.

Regine hatte zum Essen eingeladen, und ihr Koch hatte unsere Lieblingsgerichte zubereitet, einheimisch scharf – höllisch, viel schärfer, als Europäer träumen könnten. Der Koch Fernando brauchte keinerlei Anweisungen, er kannte uns nun schon einige Jahre und wusste, dass wir wie Singhalesen aßen – außer dass wir Besteck benutzen und nicht wie Einheimische die Finger. Dazu fehlt uns ihre graziöse Geschicklichkeit.

Schnell wuchs unsere lustige Runde, es wurden Pläne für die nächsten Wochen geschmiedet, und das ohne diktatorische Terminkalender.

Kelum versprach, am Neujahrstag mit mir nach Matara zu fahren. Die Stadt liegt im Süden der Insel. Ich kannte sie schon von früheren Besuchen her, aber ich hatte noch nie die Ochsenkarrenrennen gesehen, die alljährlich am 1.1. stattfinden. Ich wollte das dieses Mal unbedingt nachholen, immerhin war ich wieder einmal zum Jahreswechsel in Sri Lanka.

Ich freute mich gleichermaßen auf das Rennen wie auf die interessante kleine Stadt. Am schönsten empfand ich immer die Fahrt mit der Bahn hinunter nach Matara – man konnte die gemächlich vorbeigleitende Landschaft genießerisch betrachten. Allerdings war in Matara die Bahnstrecke zu Ende. Wollte man mit öffentlichen Verkehrsmitteln weiter in den Osten hinauf, kam man nur mehr mit dem Bus weiter – ein nicht gerade komfortables Gefährt auf dieser Insel.

Matara ist eine bedeutende alte Festungsstadt, bei meinem letzten Besuch konnte ich bereits beide Forts besichtigen. Bandu, mein damaliger Fahrer, erzählte mir ein wenig über die Geschichte des Landes. Das größere „Matara Fort" liegt auf der Landzunge zwischen dem Meer und dem Nilwala Ganga. Es bildet heute den größten Teil der Altstadt Mataras. Sehr schön ist auch die alte Kirche. Unter dem holländischen Gouverneur van Eck wurde im 18. Jahrhundert das „Star Fort" auf der Festlandseite ausgebaut. Die Portugiesen hatten sich bereits Anfang des 16. Jahrhunderts dort niedergelassen.

Matara sagt man nach, das intellektuelle Zentrum der Insel Sri Lanka zu sein, auch die angesehene Universität Ruhuna befindet sich dort. In den 70er und 80er Jahren war diese Universität die Hochburg der marxistischen JVP. Dieser Organisation wäre 1971 fast ein Staatsstreich gelungen.

Am besten gefielen mir die zum Ortsbild gehörenden Hackeries – das sind offene, zweirädrige Karren.

Auch den etwas landeinwärts stehenden Weherehena-Tempel wollte ich wieder besuchen. Es ist meines Erachtens die kurioseste und wohl auch die „modernste" Anlage der Insel. Bereits 1909 wurde der Bau mit Spendengeldern begonnen. Bei meinem letzten Besuch vor einigen Jahren war er immer noch nicht ganz fertig. Die ganze Anlage wird von einem etwa 40 m hohen Buddha, der auf einem ausgehöhlten Felsen steht, beherrscht. Dieser Felsen ist mit über 20.000 Bildern bemalt. Sie sollen die Lehre Buddhas illustrieren.

Generell ist in Sri Lanka der Buddhismus vorherrschend, und die Mehrheit der Singhalesen ist sehr gläubig.

Ich freute mich also schon sehr auf den Jahreswechsel 2004/2005 in Matara. Zuallererst galt es jedoch, alle Freunde und Bekannten zu besuchen. Das würde sicherlich die nächsten zehn Tage in Anspruch nehmen – zumindest gingen wir in unseren Plänen davon aus. Einige Ausflüge in die nähere Umgebung hatten wir zwischen den Besuchen auch noch vor.

Ich wollte an einem der nächsten Tage unbedingt zum „Little Adam's Peak". Dorthin kommt man mit einer wundervollen Flussfahrt durch unberührte Natur. Die Stufen hinauf erfordern etwas Mühe, die sich aber wirklich lohnt. Sicherlich gibt es weitaus schönere Tempel in Sri Lanka, aber schon der kleine Mönch – er ist erst zwölf Jahre alt und des Tempels kleiner, selbstbewusster Chef – ist einen Besuch wert. Der größte Lohn für den Aufstieg ist wahrscheinlich aber der herrliche Ausblick von oben. Mir wurde bei jedem Besuch dieses Tempels das Herz frei. Ich konnte so richtig durchatmen und spürte Ruhe in meine Seele eindringen.

Wir fuhren von Aluthgama aus den Bentota-River entlang. An dieser Stelle ist er links und rechts von wunderschönen Anwesen gesäumt, bis man schließlich einen der schmalen Seitenarme weiterfährt. Bei früheren Fahrten hatte ich den Eindruck, durch einen Dschungel zu gleiten. Diesmal hatte ich das Gefühl, meine bisher einschneidendsten Erlebnisse am Wasserspiegel wie in einem Film ablaufen zu sehen. Ich sah Gorans Gesicht, verzerrt lachte es mich spöttisch aus dem Wasser an. Ich wollte doch den Erlebnissen der letzten Monate entfliehen, Abstand von all den Problemen, die er mir bereitet hatte, gewinnen. Nun verfolgt er mich bis hierher, dachte ich. Warum kommt immer wieder diese Unruhe in mir auf? Hätte ich nicht lieber zu Hause bleiben sollen? Solche Gedanken drängten sich mir ständig auf.

„Willst du oder kannst du mir nicht antworten?", hörte ich Kelum fragen. Entgeistert blickte ich ihn an. „Hast du mich etwas gefragt?"

„Anna, was ist los mit dir? Du bist so abwesend, du siehst aus, als wäre dir ein Gespenst begegnet."

„Vielleicht, oder ziemlich sicher war es auch so, Kelum!", entgegnete ich ihm. Ich schaute wieder ins Wasser und spürte Kelums bohrende, fragende Blicke, bevor meine Fantasie mir wieder üble Streiche spielte. Ich hörte ganz leise, wie aus meilenweiter Entfernung, Pavarotti „Cello e mar" singen. An der Stelle, an der es heißt: „Komm an die Brust meines Lebens", fragte ich mich: Soll das eine Aufforderung sein, ins Wasser zu springen? Was war nur los mit mir? Meine tödlich verunglückte große Liebe tauchte aus dem Wasser auf, streckte die Arme nach mir aus und winkte mir: Komm, komm her zu mir, mein Schatz!

„Kelum, Kelum, hilf mir, ich werde verrückt!", rief ich meinem jungen Freund zu. Verstört blickte er mich an und schüttelte den Kopf: „Beruhige dich! Schau, da vorne ist schon der Little Adam's Peak."

Als ich die Anhöhe sah, beruhigten sich meine strapazierten Nerven wieder. Die Schreckgespenster meiner Fantasie verdunsteten.

„Schade, dass nicht mehr Touristen den Weg hierher finden", sagte ich zu Kelum. „Es ist ein so beruhigender und stiller Platz, und er ist allemal einen Besuch wert."

Wer auf dem Hügel allerdings einen prachtvollen Tempel, wie zum Beispiel den Dalada Maligava in Kandy, die Dagoda von Kalutara oder den Höhlentempel von Dambulla, erwartet, wird enttäuscht. Das Schönste auf dieser Anhöhe ist sicherlich die Landschaft – der Ausblick ins paradiesische Tal.

Es war ein besonderes Wiedersehen mit meinem kleinen Mönch. Er freute sich ehrlich, mich zu sehen – es waren immerhin schon viele Besuche bei ihm gewesen! Natürlich war er auch erfreut über die Spende für den Tempel, für die wir alle zusammengelegt hatten.

Reich sind die Mönche dort oben gewiss nicht. Sie müssen von der Großzügigkeit der Besucher leben und von den eher bescheidenen Spenden der Bevölkerung. Der Eintrittspreis von 100 Rs pro Person – nur für „Nicht-Buddhisten" – allein kann den Erhalt des Tempels nicht sichern.

Am Abend waren wir wieder zurück in Aluthgama und trafen uns zu einem geselligen Zusammensein mit allen Freunden. Das war einer der Abende, die ich so sehr liebte. Es gab keinen Unterschied zwischen Europäern und Singhalesen, wir waren eine große Gruppe fröhlicher Menschen.

Für den nächsten Tag vereinbarten wir eine kleine Spritztour nach Brief Garden.

Die Umgebung von Aluthgama und Beruwala hat einzigartig Schönes zu bieten. Wir sind schon fast zu Hause in dieser Gegend.

Im alten, traditionsreichen Ort Beruwala landeten vor mehr als tausend Jahren die ersten Händler aus arabischen Ländern, daher auch die lange muslimische Geschichte dieser Region. Die Kachchimali-Moschee weist deutlich darauf hin. Am Ende des Fastenmonats Ramadan ist sie das Ziel vieler Pilger aus Sri Lanka. Beruwala liegt etwa drei Kilometer südlich von Aluthgama, unserem Aufenthaltsort. Vom dortigen sehr bekannten und lärmenden Fischmarkt führt eine schmale, nur teilweise asphaltierte Straße zum Brief Garden. „Garden" ist meiner Meinung nach sicher nicht der richtige Ausdruck für dieses zwei Hektar große Areal, eine der schönsten Parkanlagen, die ich jemals gesehen habe. Nicht einmal der Hyde Park kann damit konkurrieren. Errichtet wurde sie von dem Landschaftskünstler Bevis Bawa. Man findet in diesem Park fantastische Skulpturen und ein wunderschönes Herrschaftshaus. Die Pflanzenvielfalt in ihrer vollen Farbenpracht ist ebenfalls ein besonderes Erlebnis, auch die Art und Weise, wie sie angeordnet sind. Erst die Erben des Landschaftskünstlers haben das Anwesen vor einigen Jahren der Öffentlichkeit zugänglich gemacht.

Schon die Fahrt dorthin ist ein Erlebnis für sich. Ich für meinen Teil würde sie nicht für ein Auto empfehlen. Sicher hätte so manches Fahrzeug auf den unwegsamen, engen, unasphaltierten Straßen große Probleme. Aber die Fahrt mit einem Tuk-Tuk ist auf jeden Fall empfehlenswert.

Ebenso faszinierend sind alle Ausflüge ins Landesinnere, zum Beispiel mit einem Boot den „Bentota-Ganga" hinaufzufahren. Landschaftlich reizvoll gelegene Orte und schöne Tempel ziehen während der Flussfahrt an einem vorüber. Ein einzigartiges Erlebnis ist auch die Fahrt durch Siedlungen, Felder und Urwald.

Ich entschied mich jedoch, an einem der nächsten Tage nach Ratnapura zu fahren, und bat Kelum, mich zu begleiten. Die Kautschukplantagen in der Umgebung faszinierten mich unbeschreiblich. Ich habe nämlich eine ganz besondere Vorliebe für Elefanten. Auf diesen Plantagen bietet sich immer die Gelegenheit, diesen majestätischen Tieren bei der Arbeit zuzusehen. Kelum kannte mein Faible für diese Tiere, deshalb machte er mir die Freude und begleitete mich – höchstwahrscheinlich, weil er gerne mit mir zusammen war. Ich weiß, dass er mich sehr verehrte, um nicht zu sagen liebte, und hatte immer den Verdacht, dass er in mir eine Art „Reservemutter" sah.

Der Verdacht kam mir zum ersten Mal, als er bei einem sentimentalen Abschied bedauerte, dass ich nicht schon Jahre früher nach Sri Lanka gekommen war. Vielleicht hätte ich mich nach dem Tod seiner Mutter in seinen Vater verlieben können, dann wäre ich heute seine Stiefmutter. Er lebte oft in seiner kleinen Traumwelt, mein junger Beschützer. Erst zu diesem Zeitpunkt erkannte ich, dass die Frau, die ich für seine Mutter gehalten hatte, nur seine Stiefmutter war. Ich hatte mich stets über ihr jugendliches Aussehen gewundert und hätte ihr keinen Sohn in Kelums Alter zugetraut, jedoch hatte ich nie weiter darüber nachgedacht. Erst zu diesem Zeitpunkt begann ich nachzufragen, um die genauen Familienverhältnisse zu ergründen. Kelum erzählte mir, dass er noch einen fast neun Jahre älteren Bruder hatte sowie eine ebenfalls ältere Schwester. Die beiden jüngeren Geschwister sind seine Halbgeschwister. Sein Vater hat bald nach dem Tod seiner Frau noch einmal geheiratet, eine offenbar wesentlich jüngere Frau.

Kelums Vater ist Fischer, kein besonders lukrativer Job in Sri Lanka. Diese Berufsgruppe gehört zu den Armen, darum ist die Familie auf Kelums Hilfe angewiesen. Er selbst ist dreißig Jahre alt, doch in seinem Herzen kommt er mir noch immer wie ein Kind vor. Trotz seines jugendlichen Alters war er schon verheiratet und hat drei Kinder, zwei Söhne und eine Tochter. Seit zwei Jahren ist er geschieden. Er muss sehr jung geheiratet haben, sein älterer Sohn ist bereits zehn Jahre alt. Ich habe den Eindruck gewonnen, dass er seine Kinder sehr liebt. Ich glaube ihm auch, dass er unter der Trennung von seinen Kindern leidet. Sie leben seit der Scheidung bei den Eltern der Mutter im Landesinneren – im Dschungel, wie er es immer ausdrückt. Seine Frau arbeitet angeblich in Dubai. Er muss jeden Monat 3.000 Rs Unterhalt für die Kinder zahlen. Für ihn ist dies sicher nicht leicht, aber selbstverständlich gerechtfertigt. Es gefällt mir, dass er sie regelmäßig besucht und sich um ihr Wohlergehen sorgt. Als ich letztes Mal in Sri Lanka war, fuhr ich mit ihm zur Schule der Kinder. Er erkundigte sich bei den Lehrern über ihren Lernerfolg. Ich sah seine Kinder auch. Wir gingen zusammen einkaufen; ich kaufte für sie Schuluniformen, aus den alten waren sie doch schon ein wenig herausgewachsen. Bei diesem Besuch konnte ich sehen, dass ein sehr herzliches Verhältnis zwischen Vater und Kindern bestand. Auch die Großmutter mütterlicherseits fand es offensichtlich durchaus normal, dass Kelum, der Vater, unangemeldet kam und zu seinen Kindern wollte. Irgendwelche Streitigkeiten wurden hier anscheinend nicht auf dem Rücken der Kinder ausgetragen. Seit damals konnte ich Kelum besser verstehen. Auf der einen Seite muss er für seine Kinder sorgen, auf der anderen Seite muss er auch seine Eltern und seine jüngeren Geschwister unterstützen.

Ich habe eine gewisse Ahnung, warum seine Stiefmutter nie glücklich über unsere Vertrautheit war. Sie hatte offensichtlich die absurde Angst, es könnte sich eine Liebesbeziehung zwischen uns entwickeln. Beziehungen dieser Art – ältere Europäerin, junger Singhalese – gehören in Sri Lanka zum Alltagsbild, vor allem in den Touristenzentren. Sie halten meistens nur einen Urlaub lang, und die Frauen geben bei ihrer Abreise dem jeweiligen Mann auch Geld. Während ihres Aufenthalts werden die einsamen und allein reisenden Frauen im Hotel dafür von den jungen Männern beglückt. Die Geschlechter sind einander in dieser Beziehung ebenbürtig.

Ich kann das nicht nachvollziehen, Kelum könnte schließlich mein Sohn sein. Fast kann man auch sagen, ich liebe ihn wie einen Sohn, auf eine ganz eigene Art ist er mir auch so etwas wie ein Ersatz für meinen Sohn geworden. Es ist natürlich schon beruhigend für mich, dass ich auch in Bezug auf seine Gefühle mir gegenüber unbesorgt sein kann, denn er fühlt für mich eben wie für eine Mutter. Jedenfalls achtet er sehr auf mich und ist immer um meine Sicherheit bemüht. Noch nie hat er mich um etwas Materielles oder um Geld gebeten. Auch keiner der anderen singhalesischen Freunde hat uns je auch nur um eine Rupie gebeten. Im Gegenteil – oft sind wir zu Gast bei ihnen und ihren Familien.

Ratnapura liegt am Fuße des „richtigen" Adam's Peak. Er ist das Ziel aller Pilger. Auch ich wollte wieder hinauf – sehr zu Kelums Bedauern. Also beschlossen wir, in Ratnapura zu bleiben und in der Nacht aufzusteigen.

Ob es sich bei den Besuchern um Buddhisten, Moslems, Hindus oder Christen handelt, ist nicht wichtig – Adam's Peak ist für alle gleich bedeutsam. Nur sehen die Gläubigen der verschiedenen Religionen in dem 150 cm langen und 70 cm breiten Abdruck im Gneis des Gipfels jeweils etwas anderes. Für die Buddhisten – sie nennen den Berg mit seinem markanten dreieckigen Gipfel „Sri Pada" – ist es der Fußabdruck Buddhas, den dieser 500 Jahre vor unserer Zeitrechnung bei einem Besuch dort hinterlassen hat. Für die Hindus ist es ein Fußabdruck des Gottes Shiva. Sie nennen den Berg auch nicht Adam's Peak, sondern „Shiva Nadi Padam". Für die Christen und viel mehr noch für die Moslems ist es der Fußabdruck Adams. Der Legende nach verweilte er 1000 Jahre auf dem Gipfel und weinte hier dem Paradies nach, aus dem er vertrieben worden war.

Die eigentliche Wallfahrtssaison dauert relativ lang – von Ende Dezember bis Anfang April. Der Aufstieg ist heute noch ebenso beschwerlich wie vor vielen hundert Jahren. Wer aber einmal die Strapazen des Aufstiegs auf sich genommen hat, dem bleibt dieses Abenteuer lebenslang unvergesslich. Dabei ist es nicht von Bedeutung, ob man als Pilger oder als Tourist aufsteigt, außer vielleicht, dass man als Pilger die Mühen leichteren Herzens auf sich nehmen wird. Das Naturschauspiel beim Sonnenaufgang am Gipfel – über der Wolkendecke – bezaubert jedenfalls beide Gruppen gleichermaßen.

Ich gehöre wohl zu den Personen, die den Aufstieg immer wieder wegen des unvergleichlichen Sonnenaufgangs auf sich nehmen. Die meisten steigen nachts auf. Es liegt ein etwa 7 km langer Weg vor uns, der fast ausschließlich aus – natürlichen – Stufen unterschiedlichster Höhe besteht. Am Wegesrand laden zahlreiche Teestuben zu einer Rast ein. Mit einigen Pausen in diesen Teestuben schaffen wir den Weg in der Regel in rund drei Stunden. Die Pächter der Teestuben – oder sind es die Eigentümer? Ich kann es nicht sagen, es hat mich nie sonderlich interessiert – sind zum Teil spitzfindige Schlitzohren. Die Buddhisten kann man nicht als Busenfreunde des Alkohols bezeichnen. Dennoch bekommt man in diesen Teestuben Arrak – wenn auch in Teetassen, damit es keine Seele sieht. Man soll es nicht sehen, aber jeder weiß es.

Die Einheimischen erzählen von einer alten Frau, die den Aufstieg siebenundvierzig Mal gemeistert hat. Eine strenggläubige Frau! Oben angekommen darf man erst einmal die Glocke anschlagen, für jede Wallfahrt einmal. Ich darf sie zwar nur vier Mal anschlagen und nicht, wie die alte Frau, siebenundvierzig Mal, aber ehrlich gesagt, ich bin auf meine vier Anschläge mächtig stolz.

Es erstaunt mich jedes Mal, welche Menschen diesen beschwerlichen Weg auf sich nehmen, alte und junge Menschen, schwangere Frauen, junge Mütter mit ihren Babys, Blinde und Behinderte. Alle beten um Heilung, Linderung oder Gesundheit und um gute Aussichten für ihre ungeborenen Kinder, die bereits geborenen Babys, kurzum, für ein besseres Leben.

Deprimierend finde ich, dass sich im Laufe der Jahre auch in diesem Teil der Welt der Kommerz etabliert hat. Am Beginn des Aufstiegs findet man immer mehr Buden und Stände, die allen möglichen Ramsch anbieten. Viele Touristen kaufen das wertlose Zeug, offensichtlich überzeugt davon, etwas Gutes zu tun. Dafür findet man dann im weiten Umkreis dieser Buden wahllos weggeworfenes Zeug, es werden dort immer größere Müllhalden angehäuft. Und dies ist nur ein negativer Nebenaspekt.

Oben angekommen darf man für jeden erfolgten Aufstieg einmal die Glocke anschlagen, bevor man zu dem kleinen Tempel über dem Fußabdruck Shivas, Buddhas oder Adams – je nachdem, welcher Glaubensgemeinschaft man angehört – gelangt. Die Pilger spenden dort Blüten und Räucherstäbchen, es ist ein schöner Anblick. Dann geht man weiter zur Gipfelterrasse. Sie war bei allen meinen Aufstiegen so gut besucht, dass die Menschen dicht zusammengedrängt standen. Normalerweise ängstigen mich Menschenmassen sehr. Aber am Gipfel des Adam's Peak spürte ich niemals irgendeine Panik aufkommen. Es ist dort auch immer sehr kalt, das dichte Gedränge der vielen Menschen wärmt sogar etwas. Langsam wird dann im Osten die Bergwelt aus dem Dunkel der Nacht sichtbar, der Tag beginnt zu dämmern. Beim Erscheinen der ersten Sonnenstrahlen erklingt der Ruf der Pilger: „Sadhu, Sadhu, Sadhu, Saah …" Zu diesem Zeitpunkt sollte man sich schnell nach Westen drehen, denn nun wirft der Berg – für eine nur sehr kurze Zeit – seinen dreieckigen Schatten in Richtung Colombo. Mit etwas Glück und bei wirklich guter Sicht kann man die Küste und die Hauptstadt Colombo gut erkennen, obwohl sie etwa siebzig Kilometer entfernt ist.

Beim Sonnenaufgang über den Wolken überkam mich wieder eine unheilvolle Unruhe. Zigtausende haben diesen Anblick schon genossen, was mag wohl jeder darin erkannt haben? Werde ich es noch einmal sehen dürfen? Eine Ahnung sagte mir, dass es das letzte Mal sein könnte. Was ging immer wieder in mir vor, warum hatte ich immer wieder diese dunklen Ahnungen? Ich wurde das Vorgefühl auf ein mir persönlich bevorstehendes Unheil nicht mehr los. Immer wieder kehrten diese Gedanken zu mir zurück. Plötzlich sah ich, wie sich die Wolken in die weinenden Gesichter meiner Kinder und Enkelkinder verwandelten. Ich vermisste aber das Gesicht von Michelle! Warum? Drohte ihr ein Unheil? War sie womöglich in Gefahr? Ich musste unbedingt umbuchen, sofort hinunter und nach Hause fliegen! Würde ich denn noch rechtzeitig eintreffen, um das bevorstehende Unheil von ihr abzuwenden? Angst befiel mich. Auch wenn diese nicht zu deutenden Ahnungen realistische Gestalt annehmen sollten, durfte ich es nicht zulassen, Spielball unbeschreiblicher Gefühle zu werden. Ich schauderte vor Kälte. Doch das Beben meines Körpers dämpfte die schwarzen Gedanken. Die Wolken waren wieder Wolken.

„Welche Geister sind dir denn nun wieder begegnet, du siehst ja grauenvoll aus", neckte mich Kelum.

Ich wollte gar nicht antworten. Stattdessen stellte ich ihm eine Gegenfrage: „Sag einmal, warum behandelt ihr – vor allem Kalu, Manju und du – uns Freundinnen anders als all die anderen Europäerinnen? Und sag mir bitte nicht, dass ich mir das nur einbilde!"

Kelum lächelte mich liebevoll an, als er antwortete: „Ich werde das auch gar nicht behaupten, deine Beobachtungen sind schon richtig. Wir lieben euch. Ich kann auch für Manju und Kalu sprechen, niemals mehr möchten wir eure Freundschaft missen. Auch den Grund dafür kann ich dir nennen. Ihr seid anders als die übrigen europäischen Touristen. Wir spüren, dass ihr unser Land und unsere Mitmenschen mögt. Ihr wedelt nicht mit euren Euros und glaubt auch nicht, dass ihr euch damit alles kaufen könnt, auch die Menschen. Dafür lieben wir euch! Seit Kalu heuer zu Besuch bei euch in Europa war, vorwiegend in Irland, wissen wir aus seinen

Erzählungen, dass ihr in eurer Heimat auch nicht anders seid als hier bei uns im Urlaub."

Ich spürte die Sehnsucht in seiner Stimme und antwortete ihm: „Ruhig Blut, junger Mann, auch du kommst bald dran und wir laden dich nach Europa ein, jedes Jahr einen anderen. Wir sind leider nicht reich und können es uns nicht leisten, alle unsere Freunde auf einmal einzuladen."

„Ach, Anna", antwortete er, „es kommt doch gar nicht darauf an, ob wir für ein paar Wochen nach Europa kommen dürfen oder nicht. Wichtig ist doch nur, dass ihr uns nicht vergesst und uns immer wieder besuchen kommt. Für uns seid ihr keine Europäer mehr, ihr gehört zu uns, ihr versteht uns – unsere Mentalität, unsere Kultur!"

Ich sehe diesen Moment auch heute noch ganz deutlich vor mir. Ich küsste ihn auf die Stirn und sagte: „Schluss jetzt mit den Sentimentalitäten, wir machen uns besser auf den Rückweg."

Für den Abstieg – vor allem den langen in Richtung Süden – muss man wohl sechs Stunden einplanen. Ich fürchte mich immer wieder davor, weil ich ihn beschwerlicher finde als den Aufstieg, jedenfalls meinen das meine kaputten Knie.

Doch eines ist sicher: Jedem Menschen, der sich diese Wallfahrt zutraut, wird ein unvergesslicher Eindruck davon bleiben.

Als wir wieder unten ankamen, sagte Kelum zu mir: „Ich schätze und mag dich sehr, das weißt du, aber das war sicher das letzte Mal, dass du mich zu diesem Aufstieg überreden konntest." Ich lachte ihn an, weil ich genau wusste, was ich davon zu halten hatte. Er sagte nach jedem Aufstieg dasselbe. Dennoch: Mit keinem anderen Menschen würde ich genauso gerne hinaufsteigen. Von ihm erfahre ich so viel über die Menschen, ohne es eigentlich zu wollen, gewährt er mir einen tiefen Einblick in ihre Sorgen und Ängste, aber auch in den Stolz der Singhalesen.

Auf der Rückfahrt schlief ich ein, ich war etwas erschöpft. In Kalutara weckte mich Kelum. Der Arme war hungrig wie ein Wolf. Wir besuchten ein Restaurant für „local people", er wusste nämlich, dass ich ethnische Lokale bevorzuge. Er kannte sich gut aus und wusste, in welchen Lokalen er mir die Toiletten zumuten konnte. Die sanitären Anlagen der meisten Lokale haben leider nicht denselben hohen Standard wie ihre kulinarischen Genüsse.

Wir aßen herrlichen Reis und Curry und tranken Tafelwasser. Kelum fragte mich anschließend, ob ich noch etwas in Kalutara bummeln und eventuell auch nach Weihnachtsgeschenken stöbern möchte. „Morgen ist zwar Heiliger Abend", antwortete ich ihm, „aber ich habe gerade gar keine Lust einzukaufen. Wir könnten morgen alle nach Kalutara fahren, ich denke, die anderen würden auch gerne mitkommen." Dem Tempel – der Dagoba – wollte ich allerdings unbedingt noch einen Besuch abstatten.

Kalutara ist eine kleine Stadt am Kalu-Ganga, dem „schwarzen Fluss". Die strahlend weiße Dagoba beherrscht das Panorama. An diesem Tempel wird niemand vorbeifahren ohne anzuhalten, um ein paar Rupien zu spenden und ein kurzes Gebet zu sprechen beziehungsweise um die Güte Buddhas zu erbitten und sich dabei mit aneinandergelegten Handflächen zu verbeugen. Erst dann fährt man weiter. Ein Fahrer erzählte mir einmal, dadurch habe er das Gefühl, sicher und wohlbehütet sein Ziel zu erreichen. Er erklärte mir auch, dass diese Geste ein alter Brauch sei und noch aus der Zeit stammte, in der man den Fluss nur mit einer Fähre überqueren konnte. Kalutara war früher das Zentrum des Zimt- und Gewürzhandels. An der Mündung des Kalu-Ganga war das Fort der Kolonialmächte gestanden. Es war genau dort, wo heute die Dagoba und das dazugehörige Kloster Gangatilake-Vihara stehen. Früher wurde der Fluss auch als Beförderungsweg für Soldaten, vor allem aber zum Transport von Reis genutzt.

Heute kennt man Kalutara dafür, dass es dort die besten Mangostane-Früchte der gesamten Insel gibt. Diese Früchte werden im Juli reif, sie sind sehr saftig und schmecken köstlich. Gegenwärtig ist Kalutara auch das Zentrum der Kautschukindustrie. Etwas landeinwärts befindet sich in Agalawatta das Rubber Research Institute mit einer angegliederten Kautschukplantage. In diesem Institut werden der Anbau, die Ergiebigkeit, die Krankheiten und die Düngung des Kautschukbaums erforscht. Darf man heutzutage den Rohstoff für Gummi – ein für uns selbstverständliches Material – noch als postkolumbianisches Gold bezeichnen? Sogar heute zahlt sich der Kolonialismus für den Okzident noch aus und die Ärmsten zahlen global drauf.

Die kleine Stadt Kalutara ist also so etwas wie eine Einkaufsmetropole für die Besucher der Südwestküste geworden, vor allem für jene, die sich dem Trubel der Großstadt Colombo entziehen möchten. Es gibt fast nichts, was in Kalutara für Geld nicht zu erwerben ist. Auch wenn man den Geschäften von außen die Vielfalt ihres Angebots meist nicht ansehen kann, lohnt sich ein Besuch allemal. Ich wurde noch jedes Mal überrascht. In Kalutara habe ich auch eines der wohl schönsten Schuhgeschäfte gefunden. Ein Besuch darin ist für uns Freunde und Schuhfetischistinnen eine Pflicht. Daher sagte ich Kelum, dass ich am nächsten Tag in aller Ruhe nach Kalutara fahren wollte. In Sri Lanka gibt es den Heiligen Abend nicht so wie bei uns in Österreich. Die Geschäfte haben ganz normal geöffnet. Die Christen feiern Weihnachten wie die Engländer und Amerikaner – am Weihnachtsmorgen. Also konnte ich am 24. Dezember entspannt die restlichen Weihnachtsgeschenke besorgen. Zwar ist das überhaupt nicht meine Art, im allerletzten Augenblick noch wahllos Geschenke zu kaufen, doch in diesem Jahr war nichts wie sonst.

Auch in der heutigen Zeit ist die Gegend um Kalutara noch sehr bedeutsam. Zwischen Colombo und Kegalle sowie zwischen Kalutara und Ratnapura liegen die Hauptanbaugebiete des Kautschuks. Kautschuk ist mittlerweile das zweitgrößte agrarische Exportgut Sri Lankas. Das wichtigste „Arbeitsmittel" auf diesen Plantagen ist immer noch der Elefant. Ich habe es vorher schon erwähnt, die Elefanten faszinieren mich ganz besonders. In meiner Wohnung habe ich schon eine ganze Sammlung von Elefanten, geschnitzt aus den verschiedensten Hölzern, aus Jade, aus Keramik, ja, sogar einen aus kleinen Elfenbeinstücken. Zu meiner Verteidigung möchte ich nur anmerken, dass ich diesen Elefanten vor einer schweren Operation als Glücksbringer bekommen habe und dass er aus wirklich ganz kleinen Elfenbeinstücken angefertigt ist. Ich würde mir natürlich nie einen Gegenstand aus Elfenbein kaufen.

Weil ich für einen weihnachtlichen Einkaufsbummel heute zu müde war und ihn auf den nächsten Tag verschoben hatte, um ihn gemeinsam mit den Freundinnen zu unternehmen, machten wir uns endgültig auf den Heimweg. Müde kamen wir am Abend wieder in Aluthgama an. Von den Freunden wurden wir schon fröhlich mit einer Flasche Arrak erwartet. Ich brauchte jedoch vorher eine kalte Dusche, um nicht in meinen Kleidern zu kleben. Kelum ging es nicht viel besser. Ich bot ihm daher an, die Dusche in meinem Zimmer zu benutzen, falls er es wollte. Dann musste er nicht dafür nach Hause fahren. Kalu bestärkte mich darin, er borgte Kelum frische Kleidung. So konnte er Zeit sparen und musste nicht hin- und hergondeln. Als ich geduscht und erfrischt auf die Terrasse kam, reichte mir Peter – er kam aus

München – sogleich ein Cola light mit einem ausgiebigen Schuss Arrak.

Arrak wird übrigens aus dem weißlich-trüben Blütensaft der Kokospalme gebrannt. Im Raum Panadura kann man die ersten Laufseile der „Toddy-Tapper" sehen. Männer turnen mit ungeheurem affenartigem Geschick zwischen den Palmen hin und her und auf und ab, um den Blütensaft einzusammeln. Dann schneiden sie die Blüten wieder an, damit neuer Saft austreten kann. Der Saft wird in Fässern gesammelt. Diese werden die Straße entlang zur nächsten Sammelstelle oder Brennerei getrieben. Jeden Vormittag kann man das gleiche Spiel beobachten. Wir Touristen genießen dieses Wunderwasser ehrfurchtslos, ohne auch nur einen Gedanken an die Mühen der Männer zu verschwenden, die dafür den Bäumen ihren Blütensaft rauben.

Ich habe selten einen Menschen getroffen, dem Arrak auf Anhieb schmeckt. Nach dem zweiten oder dritten Versuch jedoch beginnt fast jeder, den kühlen Arrak heiß zu lieben. Es ist ein einzigartiges, unbeschreibliches Getränk. Arrak ist auf keinen Fall mit Whisky, Cognac oder Brandy zu vergleichen.

Die Einheimischen behaupten, er sei Medizin. Für diese Menschen ist unser Umgang mit dem Getränk abnormal. Ich bin geneigt, an die medizinische Wirkung zu glauben, denn sollte man einmal etwas zuviel davon trinken, was hin und wieder schon vorgekommen ist, wacht man am nächsten Morgen ausgeruht auf – ohne Brummschädel oder flauen Magen. Ich fühlte mich trotzdem pudelwohl. Das Gleiche kann man bei einem Überkonsum anderer alkoholischer Getränke sicherlich nicht behaupten.

Es wurde trotz aller Müdigkeit ein schöner, lustiger Abend, und wir vereinbarten für den nächsten Tag einen Einkaufsbummel in Kalutara. Ich wollte allerdings nicht zu spät wegfahren, denn der 24. Dezember ist für mich immer ein besonderer Tag. Ich wollte ihn in aller Ruhe verbringen und mich auf den Abend einstimmen. Außerdem wollte ich für Kelum noch ein Weihnachtsgeschenk besorgen. Allerdings brauchte ich ihn dazu. Ich hatte vor, ihm eine Jeans und ein schönes Hemd zu kaufen. Auf jeden Fall sollten beide gute Qualität haben, er selbst würde immer nur auf den Preis achten, nie auf die Qualität. Dieses Vorhaben wollte ich mit ihm am Nachmittag geruhsam angehen. Am Abend waren wir im German Lanka eingeladen.

Wir wollten den Heiligen Abend nach österreichisch-deutscher Tradition feiern. Ireen, Fiona, Cathleen und die anderen planten eine Nachttour auf dem Bentota-Ganga. Nach Mitternacht wollten Kelum und ich uns anschließen.

An diesem Abend ging ich zeitiger zu Bett als gewöhnlich. Die Wanderung auf den Adam's Peak hatte mich mehr als erwartet mitgenommen.

Freitag, 24. Dezember 2004

Es war klug, dass ich am Vorabend etwas früher schlafen gegangen war. Ich wachte gut gelaunt und ausgeruht auf. Nach dem Frühstück ging ich zu den Freunden. Sie waren fast alle startbereit, und bald brachen wir nach Kalutara auf, um dort zu bummeln. Überrascht hatte uns allerdings die Menschenmenge auf den Straßen.

Es war der erste Heilige Abend, den ich nicht zu Hause verbrachte. Was heißt „nicht zu Hause"? Tausende Kilometer von zu Hause entfernt! Mit Temperaturen um 34 Grad Celsius. Die Einkaufsstraßen durchgehend weihnachtlich geschmückt, überall Weihnachtsmänner auf Schlitten. Auf mich wirkte das etwas sonderbar. Klima und Dekoration passten nicht zusammen. Alles war typisch amerikanisch-kitschig beleuchtet – bei strahlender Sonne und Affenhitze. In den Kaufhäusern hatte man künstliche Winterlandschaften errichtet, frei nach Walt Disney. Es wirkte in meinen Augen lächerlich – bei tropischen Temperaturen. Andererseits fand ich es rührend, wie sich die Menschen bemühten, für die zahlreichen europäischen Touristen eine weihnachtliche Stimmung zu schaffen.

Wir hielten es nicht sehr lange aus in der Stadt. Zu viel Trubel umgab uns. Wir bemühten uns, schnell das Notwendige zu besorgen, und beeilten uns wieder nach Hause, aber nicht, ohne zusammen zu lunchen.

Ich fuhr zwischendurch mit Kelum noch in das Städtchen Aluthgama, um für ihn einzukaufen, bevor ich mich für den Abend ausruhte. Kelum wollte mich um 19.30 Uhr abholen, um mit mir gemeinsam zum German Lanka zu gehen.

Elfriede, die Besitzerin des German Lanka, war sehr bemüht, uns einen schönen, geruhsamen Abend zu bereiten, doch besinnliche Stimmung kam keine auf. Ich nahm mir vor, Weihnachten in Zukunft wieder zu Hause zu verbringen. Weihnachten in Österreich ist wirklich unvergleichlich schöner. So sehr ich Sri Lanka liebe, Weihnachten möchte ich daheim sein.

Im Garten, unmittelbar vor dem Strand, war der Tisch sehr schön weihnachtlich dekoriert und gedeckt. Ein künstlicher Weihnachtsbaum stand im Garten. Das Buffet ließ keine Wünsche offen, doch es hatte nichts Weihnachtliches an sich. Es war nur ein schöner Abend bei herrlichem Wetter. Zwar gab es an der Tafel für jeden Gast eine kleine Aufmerksamkeit, mir fehlten jedoch die schön verpackten Geschenke. Dabei kam es mir nicht auf das Geschenk an, aber die schönen Päckchen mit den schönen Schleifen, der Duft eines Tannenbaumes, die Naturkerzen, der Geruch von Vanillekipferln, Lebkuchen und dergleichen, all das, was für mich zum Weihnachtsfest gehört, fehlte mir. Ebenso möchte ich an jenen Tagen den Geruch von Weihrauch nicht missen. Winterzauber lässt sich in kein Land importieren, in dem immer Sommer herrscht. Der Abend machte mich um diese Erfahrung reicher. In meinem Inneren beschloss ich, im nächsten Jahr – wie die Jahre zuvor – erst nach dem Heiligen Abend nach Sri Lanka zu fliegen, selbst für den Fall, dass ich alleine zu Hause sitzen sollte. Weihnachten ist ein Überbleibsel aus meinen Kindertagen. Diesen Erinnerungen möchte ich mich zu Hause hingeben. Auch wenn ich oft böse auf mein Heimatland bin – es war mir nicht immer wohlgesonnen –, so empfinde ich es zumindest um die Weihnachtszeit herum als Heimat. Ich bin nun einmal ein sentimentaler Mensch.

Unzufrieden brauchte ich jedoch nicht zu sein, meine Freunde versuchten, mir einen schönen Weihnachtsabend zu bereiten, und ich war ihnen dankbar.

Kurz nach Mitternacht verabschiedete ich mich von der verbliebenen Gesellschaft, Kelum kam mit mir mit. Wir gingen zur Anlegestelle bei Regines Gästehaus und warteten auf unsere Freunde. Sie wollten uns mit dem Boot abholen. Es wurde eine gesellige, lustige Nacht am Wasser, die nicht einmal im Schlaf an Weihnachten erinnerte.

Als ich zu Bett ging, war es schon sehr spät. Kelum schlief ebenfalls bei uns. Er wollte zu dieser nächtlichen Stunde nicht mehr nach Hause fahren.

Am nächsten Morgen nach dem Frühstück fuhr Kelum mit mir nach Bentota und zeigte mir sein kleines Grundstück. Er hatte es in diesem Jahr gekauft. „Jetzt heißt es sparen, sparen und wieder sparen", sagte er. „Ich möchte ein kleines Haus bauen. Ich bin alleine, es muss nicht groß sein, ein Gästezimmer mit Klimaanlage möchte ich aber schon gerne haben. Wenn du in Sri Lanka bist, dann würde ich dich gerne als Gast begrüßen." Er sagte dies so reizend, und ich freute mich so sehr über diesen Sympathiebeweis, dass beinahe Tränen der Rührung flossen. Mir saß ein dicker Kloß im Hals.

Bentota ist ein entzückender Ort und bei Touristen sehr beliebt. Ein schöner, gepflegter Strand zieht sich am Meer entlang, und man findet alle notwendigen Einrichtungen wie Post und Bank und ebenso ein Freilichttheater, viele Ladengalerien und Restaurants. In Bentota wird der Strand täglich gesäubert, was durchaus nicht in allen Touristenzentren üblich ist. Auch Rettungsschwimmer sind hier immer am Strand, um im Notfall augenblicklich helfen zu können. In den Monaten zwischen April und September ist dies auch ein großer Vorteil, denn in den Monsunmonaten ist das Meer nicht ungefährlich, in dieser Zeit gibt es viele unberechenbare Strömungen. Sogar exzellente Schwimmer sollten auf den Rat der Einheimischen hören, vor allem, wenn sie davor warnen, weiter hinauszuschwimmen. Besonders schön ist das Hotel Bentota Beach. Es wurde auf den Grundmauern einer portugiesischen Festung erbaut. Im Jahr 2004 wurde es neuerlich modernisiert und ausgebaut. Es ist eines der schönsten Hotels der Umgebung. Für meine Begriffe steht es dem nahe gelegenen Taj Exotica in nichts nach. Auch der zum Hotel gehörende Wassersportclub ist erstklassig und lässt keine Wünsche offen. Dort kann man fast jede Wassersportart erlernen. Gleich anschließend findet man am Strand eine Tauchschule. Sie ist ebenfalls mit sehr kompetenten Fachleuten besetzt. Unser Freund Kalu ist Wassersportlehrer im Club des Bentota-Beach-Hotels, sein Bruder ist Tauchlehrer in der Tauchschule.

Ich bin sehr stolz auf meinen jungen singhalesischen Freund Kelum. Es ist nicht leicht für Einheimische, genügend Geld zu sparen, um sich an einem derart exklusiven Ort ein Grundstück, sei es auch noch so klein, zu erarbeiten. Sicher, er besitzt ein Tuk-Tuk und ist sehr beliebt bei den Touristen. In der Saison verdient er gut. Sie dauert allerdings nur wenige Monate. Von Dezember bis Ende März ist Hauptsaison, mit jeweils sechs Wochen Vor- und Nachsaison. Der Rest des Jahres ist hart, und man kann relativ wenig verdienen. Kelum ist ein sparsamer und sehr genügsamer Mensch. Wir schätzen ihn alle sehr, nicht nur wegen seiner netten Art, auch wegen seiner Ehrlichkeit und seiner Hilfsbereitschaft. Wenn wir im Lande sind, gehört er unbedingt in unsere Mitte.

Für den Abend hatten wir ein gemeinsames Weihnachtsessen mit unseren Freunden vereinbart. Es wurde Zeit, wieder zurückzufahren, um zu duschen und sich noch ein wenig entspannen zu können. Am Abend wollten wir quietschvergnügt sein. Wir wollten erst an diesem Abend die Geschenke untereinander verteilen. Ich musste noch einiges vorbereiten und wollte meine Geschenke nach europäischer Tradition verpacken.

Als wir zurückkamen, machte ich mich also mit viel Liebe ans Verpacken. Es waren zwar nur Kleinigkeiten, aber ich hoffte, für jeden etwas Persönliches gefunden zu haben, um ihm eine kleine Freude bereiten zu können. Dementsprechend aufgeregt fieberte ich dem Abend entgegen. Freude zu bereiten ist für mich das Schönste am Schenken. Zuvor gönnte ich mir noch eine entspannende Kräutermassage in Sunils Herbal Garden (Kräutergarten).

Ich war wieder einmal verblüfft über die üppige Vegetation in diesem Land. Ende März dieses Jahres hatte ich gesehen, wie Sunil damit begann, diesen Kräutergarten anzulegen, wie er mit der Bepflanzung anfing. Nun, am Ende des Jahres, konnte ich die Größe der im Frühling eingesetzten Sträucher und Bäume bestaunen. In unseren Breiten hätte ein derartiges Wachstum Jahre gedauert.

Die üppige Natur, der „wahre", aber auch der einzige Reichtum der Insulaner, fasziniert mich immer wieder.

Die Massage war – wie immer – ein Traum. Noch dazu zu einem unvorstellbar günstigen Preis. Für diese Summe kann ich mir in Wien höchstens eine Melange kaufen. Einen Kuchen bekomme ich für das Geld sicher nicht mehr dazu.

Jedenfalls war ich entspannt und erholt und freute mich auf den Abend. Wie immer verlief er angenehm und schön. Es war unser gemeinsames Weihnachtsfest mit allen Freunden. Ein etwas anderes Weihnachten.

Regine, Ireen, Fiona, Kalu und Manju wollten am nächsten Morgen zeitlich in der Früh aufbrechen. Sie hatten eine Fahrt nach Galle zu Verwandten von Kalu geplant. Den Fahrer bestellten sie für 7 Uhr morgens.

„Ihr erwartet hoffentlich nicht von mir, dass ich mit euch aufstehe und frühstücke?", fragte ich lachend in die Runde. „Oh doch, das erwarten wir, mein Schatz", scherzte Ireen zurück, bevor sie sich verabschiedete und zu Bett ging. Wie gut, dass ich in diesem Moment noch nicht wusste, dass ich sie und die anderen tagelang unbeschreiblich verzweifelt suchen würde.

Ich ging in mein Zimmer, duschte mich und legte mich ins Bett. Trotz meiner Müdigkeit wälzte ich mich von einer Seite auf die andere. Der erlösende Schlaf wollte und wollte sich nicht einstellen. Kurz entschlossen stand ich auf und kleidete mich an. Ich musste aus dem Zimmer hinaus, ich hielt es nicht mehr aus. Fast erschien es mir wie eine Flucht. Eine Flucht ... wovor?

Als ich zum Eingang von Terrena Lodge kam, hielt mich der Nachtwächter an. Wo ich denn hinwollte, begehrte er Auskunft. Man sah es nicht gerne, wenn die Touristinnen nachts alleine auf die Straße gingen. Kalt lächelnd log ich ihn an. „Ich gehe nur die paar Schritte ins Sunil Lanka, keine Sorge, mein Lieber!", beruhigte ich ihn. Er öffnete mir das Gittertor, stellte sich auf die Straße und sah mir nach. Vielleicht zwei oder drei Meter vor dem Sunil Lanka drehte ich mich um und winkte ihm. Ich wollte ihm damit zeigen, dass ich unbeschadet am Ziel angekommen war. Er fiel auf mein Manöver herein, denn ich sah, wie er ins Innere von Regines Gästehaus zurückging.

Ich schlich mich am Gebäude von Sunil Lanka vorbei, um dort vom Personal nicht gesehen zu werden, schließlich wusste ich, dass ich nicht mehr alleine weitergekommen wäre, wenn sie mich entdeckt hätten. Ich wollte aber alleine sein, wollte mir meine immer wieder aufkeimende Unruhe so richtig herauslaufen, ich wollte zum Strand. Also huschte ich hinaus zur Galle Road. Ich wusste, dass ich ohne die Gefahr, jemand Bekanntem zu begegnen, weiterlaufen konnte, sobald ich sie erreicht hatte. Nachdem ich dort angekommen war, ging ich mit flottem Schritt Richtung Bentota Bridge, überquerte sie und wanderte zum Strand. Ich lief am Meer entlang und nahm überhaupt nicht mehr wahr, wie weit ich schon gekommen war. Meine Unruhe konnte ich jedoch nicht eindämmen. Die Wellen in der Dunkelheit wirkten auf mich wie Arme, die nach mir griffen, als ob sie mich umarmen wollten. Panik erfasste mich! „Jetzt bist du vollends übergeschnappt", hörte ich meine eigene Stimme in der lauen Nachtluft. Ich vernahm auch die Stimmen überaus geschätzter, jedoch schon seit Jahren toter Menschen. Meine ehemals beste Freundin, sie ist bereits 1998 gestorben, warnte mich weiterzugehen. Ich empfand es, als ob eine magnetische Sperre am Strand wäre, ich war nicht in der Lage weiterzulaufen. Mein über alles geliebter Lebenspartner erhob seine

Hände aus den Wellen, er winkte mich zu sich. Langsam bewegte ich mich vorwärts. „Ich komme zu dir!", rief ich in die Wellen hinein. Plötzlich spürte ich, wie ich von hinten gepackt wurde. Jemand zog mich zurück – mittlerweile stand ich bereits fast bis zu den Knien im Wasser. Durch die plötzliche Berührung kam ich wieder zur Besinnung. Der Einheimische, der mich retten wollte, redete aufgeregt auf mich ein. Es dauerte eine Weile, bis ich begriff, dass er dachte, ich wollte mir das Leben nehmen. Es gelang mir schließlich, ihn zu beruhigen. Ich erklärte ihm, dass ich das Gefühl liebe, wenn die Wellen meine Beine umspielen. Es gelang mir sogar, ihn freundschaftlich auszulachen, dadurch konnte ich ihn letztendlich auch vollkommen davon überzeugt, dass ich kein bisschen lebensmüde war.

Langsam schlenderte ich wieder zurück und dachte angestrengt nach. Viele Fragen tauchten auf. Hatte ich wirklich vorgehabt, ins Wasser zu gehen? Wollte ich wirklich nicht mehr leben? Warum war Virginia ins Wasser gegangen, Virginia Woolf? Welcher Teufel hat sie, Virginia, ins Wasser getrieben – welcher Teufel wollte mich jetzt ins Wasser ziehen? Ich hänge doch an meinem Leben! Niemals würde ich meinen Kindern dieses Leid zufügen! Trotzdem, ich fühlte, dass etwas Fremdes von Zeit zu Zeit immer wieder Macht über mich und mein Handeln gewinnen würde. Wenn ich keine Kinder hätte, wer hätte dann die Oberhand gewonnen, die fremde Macht oder mein derzeit fragwürdiger freier Wille?

Endlich kam ich wieder „zu Hause" an. Die Ereignisse dieser Nacht hatten mich sehr ermüdet. Kaum lag ich im Bett, schlief ich ein.

Teil II

Sonntag, 26. Dezember 2004
8.00 Uhr früh

Tsunami

Ich stand gerade unter der Dusche, als es an meine Zimmertür klopfte. Schnell wickelte ich das Badetuch um meinen nassen Körper und öffnete. Draußen stand Kelum. „Hallo, entschuldige, ich wollte dich nicht aus der Dusche scheuchen! Ich dachte nur, wir könnten gemeinsam frühstücken, damit du nicht so verlassen bist. Die anderen sind ja schon unterwegs."

Erfreut sagte ich zu und bat ihn, das Frühstück für uns beide auf die kleine Terrasse vor meinem Zimmer zu ordern. Ich wollte in der Zwischenzeit schnell mein Haar föhnen und mich ankleiden. Ruck, zuck war ich fertig und ging auf die kleine Terrasse hinaus. Kelum wartete schon am Tisch. „Für eine europäische Frau warst du verdammt schnell", meinte er bewundernd.

„Ab einem gewissen Alter wird man schneller, zu viel Aufwand wäre vergebliche Liebesmüh", gab ich zurück.

Das Geplänkel ging noch weiter, bis endlich unser Frühstück serviert wurde. Ich hatte den Eindruck, Kelum ließ die gesamte Frühstückskarte auffahren. Er fand immer, ich würde viel zu wenig essen. Harmonisch plaudernd nahmen wir unser fürstliches Frühstück ein. Die Uhr zeigte an, dass wir bereits geraume Zeit dort saßen, als plötzlich am Ufer Unruhe entstand und Geschrei aufkam. Wir hörten nur ein furchterregendes Krachen. Schnell liefen wir einige Schritte von der Terrasse hinunter, um zu sehen, was geschehen war. Die Bootsanlegestelle war verschwunden, die große Terrasse stand unter Wasser. Im ersten Moment dachte ich, ein Boot hätte ein anderes gerammt.

Aber warum stand die Terrasse unter Wasser? Herrenlose Boote trieben im Fluss. Wo kamen auf einmal die vielen Boote her? Überall war nur Wasser.

„Was ist los?", fragte ich Sam, einen Angestellten des Hotels. „Ganz plötzlich und unerwartet war eine riesige Welle da und hat die Terrasse überflutet!", antwortete er konfus. Alle Anwesenden waren ratlos und auch hilflos. Keiner konnte verstehen, was geschehen war. Als wir aufs Wasser sahen, schien es bereits wieder ganz ruhig zu sein. Ich konnte mir keinen Reim auf das Erzählte machen, selber hatte ich nichts gesehen. Das Wasser ging wieder zurück.

Mein plötzlich heftig pulsierendes Herz signalisierte mir eine unheilvolle Ahnung, die ich nicht deuten konnte. Verunsichert kehrten wir zu unserem Frühstück zurück. Auf der Toilette stellte ich fest, dass die Wasserzufuhr anscheinend unterbrochen war.

Kelums Nervosität steigerte die meine noch wesentlich. Die Vorahnungen auf ein bevorstehendes Unheil wurden stärker und stärker. Immer mehr Menschen kamen daher, jeder mit einer persönlichen Theorie, auf die auch vehement gepocht wurde. Viele meinten, die Ursache käme vom Meer – vom nur drei Kilometer entfernten Beruwala. Durch die Enge des Flusses konnte die Welle nicht auslaufen, daher überflutete sie das Ufer. Zu diesem Zeitpunkt befanden wir uns an der Uferseite des Flusses, gegenüber der schmalen, Meer und Fluss trennenden Landzunge, schräg gegenüber dem Bentota Beach Hotel. Wir sahen hinüber. Alles war ruhig, es war keinerlei Veränderung erkennbar. Dann bäumte sich plötzlich hinter uns eine riesige Welle auf. Im nächsten Augenblick erfasste sie uns. Ich klammerte mich an einem Tisch fest, mit dem ich – mit viel Glück – an der nahen Hausmauer vorbei in den Garten geschleudert wurde. Mein Bewusstsein war gelähmt. Ich nahm verschwommen wahr, dass Kelum mich aus dem überfluteten Garten zog, und schnappte gierig nach Luft. Nur mit großer Anstrengung konnten wir in mein Zimmer vordringen. Als wir endlich davor angekommen waren, sah ich, dass es auch unter Wasser stand. Ich setzte mich bei Kelum durch und kämpfte mich ins Zimmer hinein. Er wollte mich vom Wasser wegbringen, aber ich schrie ihn an: „Ich brauche doch meinen Reisepass!" Es war sinnlos, er konnte mich nicht beruhigen. Also half er mir lieber, ins Zimmer hineinzukommen und meinen Pass zu holen. Der Safe war Gott sei Dank höher in der Wand eingemauert. Ich bekam ihn noch auf und konnte meinen Reisepass und mein Flugticket herausholen. Beide steckte ich in ein Nylonsäckchen – es lag zufällig auf dem im Zimmer herumschwimmenden Tisch. Zu diesem Zeitpunkt war die Tischplatte noch über Wasser. Das Nylonsäckchen steckte ich in meine Jeans. Ich hoffte, meine Dokumente dadurch schützen zu können. Kelum versuchte nun, mich auf die Straße zu drängen. Auf halbem Weg fiel mir ein, dass ich die Pässe meiner Freundinnen auch holen sollte. Außerdem musste Cathleen noch in ihrem Zimmer sein, ich hatte sie an diesem Morgen gar nicht gesehen. Sie schlief immer lang und mit Ohrstöpseln. Keuchend watete ich durch das kniehohe Wasser zurück und hinauf in den ersten Stock zu Cathleens Zimmer. Surresch – er gehörte zum Personal – sah mich und kam ebenfalls nach oben, um mir zu helfen. Zu unserem Glück hatte er seinen Zentralschlüssel bei sich. Er öffnete mir die Tür. Cathleen schlief tatsächlich noch mit ihren „derrischen" Stöpseln in den Ohren. Ich verabscheute sie in diesem Moment. Unsanft rüttelte ich sie aus dem Schlaf. Meine Aufregung und Panik erschreckten sie sehr. Blitzschnell sprang sie aus dem Bett und stürzte auf den Balkon, um selbst nachzusehen, was der Grund für meine Verzweiflung war. Aschfahl kehrte sie zurück. Ich schrie sie an: „Los, komm, beeil dich, wir müssen weg! Es ist noch nicht vorbei! Willst du mit dem Haus einstürzen? Zieh dich an!" Während sie sich ankleidete, holte ich schnell die Dokumente meiner Freundinnen, die ich glücklicherweise in ihren Zimmern gleich fand.

Ich eilte zurück zu Cathleen und fand sie in Shirt und Jeans vor. „Jetzt komm endlich!", trieb ich sie an. Ich konnte ihren höchst eigentümlichen Blick nicht deuten. Sie sagte bloß: „Ich muss mich zuerst schminken, warte noch ein bisschen!" Bei diesen Worten verlor ich die Nerven. Ich tobte nur noch: „Was glaubst du eigentlich? Kein Mensch wird in dieser Situation sehen, ob du geschminkt oder ungeschminkt bist! Komm endlich! Wir müssen uns in Sicherheit bringen!"

Cathleen wiederholte lediglich, dass sie sich zuerst schminken musste. Ich war stinkwütend: „Dann schau, wie du in Sicherheit kommst, vergiss den Pass und dein Flugticket nicht! Ich lauf jetzt los, komm mit oder lass es bleiben!"

Würde ich heute gefragt werden, warum mir die Pässe und die Tickets so wichtig waren, ich wüsste keine Antwort! Ich weiß nur, dass ich ohne sie nicht weggelaufen wäre. Wahrscheinlich war es genauso eine vom Schock heraufbeschworene Reaktion wie Cathleens Weigerung, ungeschminkt zu flüchten.

Kelum und ich mühten uns durch die kniehohe Überflutung auf die Straße. Auf Nebenwegen versuchten wir, Richtung Ortsmitte zu gelangen. Je weiter wir vordrangen, desto niedriger wurde das Wasser.

Als wir auf die Hauptstraße kamen, sagte man uns, dass am Strand von Beruwala überhaupt nichts geschehen sei. Kelum hielt einen seiner Tuk-Tuk-Kollegen an. Mit seinem eigenen konnten wir nicht fahren, es stand unter Wasser und war höchstwahrscheinlich nicht mehr zu gebrauchen. Wir fuhren nach Beruwala zum Hotel Princess Lanka. Als wir an der Rückseite des Hotels ausstiegen, sahen wir, dass die Straße nass war, doch dies schien uns nicht sonderlich besorgniserregend zu sein. Wir liefen in Richtung Strand zur Vorderseite des Hotels, im Glauben, im Hotel sicher zu sein. Der Anblick am Strand, der sich uns bot, war grässlich! Er war ausgespült, und Unmengen von Unrat lagen herum. Doch das Meer war bereits wieder weit zurückgegangen. Ich machte Kelum noch darauf aufmerksam, dass mir der Strand wesentlich breiter vorkam als sonst. Er hatte – grob geschätzt – sicher eine Breite von etwa dreihundert Metern. Kelum sah hinaus aufs Meer und erschrak. Er empfand die Bewegungen des Wassers als äußerst beängstigend. Doch noch bevor er etwas sagen konnte, sahen wir, wie sich eine Welle – eine gigantische Wand aus Wasser – aufbäumte, die uns in der nächsten Sekunde erfasste. Ich wurde in die Höhe geschleudert und – durch Vorsehung oder Zufall – bekam ich irgendwie die Krone einer Palme zu fassen. Diese Palme knickte jedoch wie ein Strohhalm um. Samt meiner Palme wurde ich durch das Schaufenster eines Juwelierladens in dessen Inneres gespült. Ich dachte, mein Brustkorb würde mir zerdrückt. Ich versuchte mich an einer Vitrine festzuhalten, um nicht gegen irgendwelche Wände oder Kanten geschleudert zu werden. Überall lag zerbrochenes Glas. Das Wasser stieg trotz der zerborstenen Fenster sehr schnell höher und höher, bis ich letztendlich wie ein Taucher nach Luft schnappen musste. Irgendwie wurde ich durch eine andere berstende Wand wieder aus dem Laden hinausgespült. Wie ich jedoch wieder aus dem Wasser herauskam, kann ich mir überhaupt nicht mehr erklären. Ich fühlte nur Hände, die mich festhielten und fortzogen. Ich hatte das Gefühl, Prellungen am ganzen Körper haben zu müssen, doch in diesem Moment konnte ich überhaupt nichts fühlen. Als mich meine unbekannten Retter aus dem Wasser gehoben hatten, war ich allein. Wo war Kelum? Panik durchpulste mich. Ich rief nach ihm. Alle Menschen schrien vor Angst und Schrecken durcheinander. Auf einmal packte mich jemand und forderte mich auf zu laufen! Laufen, so schnell man konnte, war die Devise – ums nackte Leben laufen! Das wollte oder konnte ich nicht. Ich musste Kelum suchen. Ich hatte große Angst! Wo war er? War ihm etwas geschehen? Die Menschenmenge drängte mich weg vom Strand. Immer wieder schaute ich über die Schulter zurück. Die vierte Welle kam. Ich musste mitlaufen, sonst wären die Menschen über mich hinweggetrampelt. Immer wieder sah ich zurück. Ich wusste nicht, ob ich weit genug vom Wasser entfernt war. Als ich ein letztes Mal zurücksah, konnte ich noch eine Frau mit zwei kleinen Kindern im Arm erkennen. In meinem Kopf blitzte der Gedanke auf, zu ihr zurückzulaufen, um ihr ein Kind abzunehmen. Da sah ich, wie die Welle über ihr zusammenschlug. Oh Gott, warum war ich nicht schneller bei ihr als mein Gedanke? Warum war ich nicht augenblicklich losgelaufen, bevor ich nachgedacht hatte? Doch mein eigener Überlebenswille war so stark, dass ich wieder zu laufen begann. Boote fegten wie Geschosse an uns Flüchtenden vorbei. Viele Menschen wurden von ihnen niedergemetzelt. Bis hinaus auf die Galle Road lagen die Boote, stellenweise sogar noch weiter!

Als ich endlich wieder bewusst aufnahm, was ich sah, boten sich mir unbeschreibliche Schreckensbilder. Unter den Booten lagen Menschen. Der Zwang hinzublicken wurde abgelöst vom Zwang wegzusehen. Ich wäre als unmittelbare Augenzeugin von Hinrichtungen oder Unfällen nicht geeignet. Im ersten Moment wusste ich gar nicht, ob die Menschen von der Welle angespült oder ob sie von den Booten oder den eingestürzten Häusern erschlagen worden waren. Sofort war der Gedanke an Kelum wieder präsent, wo war er nur? Hatte er sich retten können?

Ich irrte geistesabwesend, aber trotzdem hellwach die Straße entlang, ich suchte nach Kelum. Ob ich mich nicht doch wieder zurück zum Wasser wagen konnte? Ich musste ihn suchen ...

Endlich gelang es mir, auf einem schmalen Seitenweg zurück zum Wasser zu kommen. Ein unbeschreiblicher Anblick bedrohte mich. Unter Tränen und fast verrückt vor Verzweiflung suchte ich nach Kelum. Ich weiß nicht, wie lange ich suchte. Ich war alleine, ohne einen Freund. Alle waren irgendwo ... oder ... nirgendwo? Ich wusste nichts von ihnen. Etwas zwang mich zurück nach Aluthgama, aber wie sollte ich das schaffen ...? Ich konnte mich doch nur mehr vorwärtsschleppen!

Weinend und zum ersten Mal meine Schmerzen wahrnehmend wankte ich die Straße entlang in Richtung Aluthgama. Plötzlich blieb ein Tuk-Tuk neben mir stehen. Anil saß darin. Er rief nach mir: „Komm, steig ein! Ich bringe dich in Sicherheit!"

„Ich muss Kelum suchen, ich habe ihn verloren", antwortete ich.

„Steig ein, das Einzige, was du tun musst, ist, dich in Sicherheit bringen zu lassen. Alles andere werde ich machen!"

„Nein, ich will ihn suchen, er ist der einzige Freund, der bei mir war!" Die anderen waren doch in Sicherheit in Galle ... dachte ich!
„Jetzt beruhige dich und sei vernünftig! Wie willst du ihn suchen, wen willst du fragen? Mit deinen bescheidenen singhalesischen Sprachkenntnissen wird dich in dieser Hektik kein Mensch verstehen, bitte komm mit mir!"
Ich stieg ein, jedoch nicht ohne zu fragen: „Suchst du ihn auch wirklich?"
„Ja!"
Als ich endlich im Tuk-Tuk saß, fragte ich Anil: „Wo bringst du mich denn hin?"
„Ich bringe dich ein Stück ins Landesinnere, zu John's Place!"
„Zu John, das ist gut!"
Es wunderte mich, dass ich nicht selbst auf die Idee gekommen war. John war ebenfalls ein lieber Freund. Er hat ein wunderschönes Anwesen zwei Ortschaften entfernt vom Meer. Er ist Schotte, ein außergewöhnlich liebenswerter Mensch. Sein Gästehaus liegt mitten in einem Park. Er vermietet Appartements, fast ausschließlich für Familien. Es ist ein sehr kinderfreundliches Gästehaus.

Mühsam entkamen wir mit unserem Tuk-Tuk dem zerstörten Gebiet. Vollkommen ratlos wirkende Menschen standen in Gruppen auf der Straße und vor ihren Häusern. Es war nicht erkennbar, ob sie von der Katastrophe schon gehört hatten.

Als wir bei John's Place ankamen, waren nur sein Personal und einige Gäste anwesend. John war zum Flughafen nach Colombo gefahren, um neue Gäste abzuholen. Telefon und Strom waren auch hier außer Betrieb. Die Menschen hatten keine Ahnung von der Katastrophe an der Küste, sie wussten nicht, warum weder Elektrizität noch Telefon funktionierten. Einer von Johns Boys öffnete das Tor. Er kannte mich. Als er von mir hörte, was los war – lang genug hatte es gedauert, bis ich mich in meiner Panik verständlich ausdrücken konnte –, brachte er mich sofort in Johns Privaträume. Er brachte mir Kleidung von Johns Tochter, damit ich trockene Sachen auf den Körper bekam. Die Pässe, die ich am Körper trug, waren trotz des Nylonsäckchen selbst für gottbegnadete Fälscher unbrauchbar geworden, doch so wichtig sie mir vorher gewesen waren, so unbedeutend wurden sie zu diesem Zeitpunkt. Ich begann zu weinen und konnte mich nicht mehr beruhigen. Die Tränen sprudelten siedend aus mir heraus. Anil erklärte dem Boy, dass er mich hierlassen wollte. Dieser war einverstanden. Er sah auch immer wieder nach mir. Mittlerweile machte er sich auch Sorgen um seinen Chef, der sollte doch schon seit Stunden vom Flughafen zurück sein. Keiner wusste zu diesem Zeitpunkt, wie weit an der Küste entlang die Zerstörung gewütet hatte ... oder noch wütete? Ob die Katastrophe nur den Bereich zwischen Bentota und Beruwala betraf oder ob weitere Orte gelitten hatten?

Plötzlich fiel mir Cathleen wieder ein, ich hatte sie beinahe vergessen. Hatte sie sich retten können? Über meinen Rücken rieselte kalt eine Gänsehaut. Was hatte ich getan, wie konnte ich so kopflos sein und sie vor dem Spiegel zurücklassen? Ihr letzter Blick, den sie mir während des Schminkens aus ihrem Spiegel zuwarf, kam mir plötzlich noch unheimlicher vor. Es war wie eine Heimsuchung. Ich rief nach dem Boy und ersuchte ihn, mir irgendwie ein Tuk-Tuk zu beschaffen. Er fragte, was denn los war. Verzweifelt versuchte ich ihm zu erklären, dass ich nach Cathleen sehen musste. Er versuchte mich zu beruhigen und weigerte sich, meiner Bitte Folge zu leisten. Er versicherte mir, dass auch gar keine Möglichkeit dazu bestand, weil das Telefon noch immer nicht intakt war. Selbst wenn er auf der Straße ein Tuk-Tuk aufhalten konnte, würde sich jeder weigern, zum Wasser zu fahren, weder zum Fluss noch zum Meer.

Wie in einem Käfig lief ich in Johns Räumen auf und ab. Ich konnte keine Ruhe finden. Halb wahnsinnig vor Sorge um Kelum und Cathleen war ich nahe daran, meinen Verstand vollends zu verlieren. Ich konnte das Ausmaß der Katastrophe noch nicht einschätzen. Selbst heute bin ich nicht sicher, ob ich überhaupt in der Lage war, klar zu denken. Und die anderen? Was haben alle anderen empfunden?

Gegen 15 Uhr traf John endlich mit seinen Gästen ein. Er war bleich. Sein Personal sagte ihm sofort, dass ich da sei, woraufhin er gleich zu mir eilte, um mich tröstend in die Arme zu schließen. Er fragte mich auch nach den anderen Freunden. Als ich ihm sagte, dass ich mit Kelum alleine war, als es passierte, und die anderen mit Ausnahme von Cathleen nach Galle gefahren waren, wurde er noch blasser. Erst durch ihn erfuhr ich, dass die Gebiete entlang der Küste fast zur Gänze von der Katastrophe betroffen waren und von Galle bis Matara kaum ein Gebäude die Flutwelle unbeschadet überstanden hatte. Panik verengte mir die Kehle.

Ich ließ nicht mehr locker und bettelte so lange, bis John mit mir nach Aluthgama fuhr. Er wollte wohl selbst auch nach Regines Haus sehen. Ich hatte schon lange den Verdacht, dass er sie heimlich liebte, das war in diesem Augenblick jedoch nebensächlich, keiner von uns beiden dachte an romantische Gefühle. Jedenfalls ließ er sich von mir überreden, nach Beruwala, Bentota und Aluthgama zu fahren. Er wusste wohl, dass ich mich nicht eher beruhigen würde, bis ich Cathleen gefunden hatte. Heimlich, jeder für sich, hofften wir stark, dass die Freunde auf dem Weg nach Galle noch rechtzeitig gewarnt worden war und sich in Sicherheit bringen oder umkehren konnten. Wir hofften auch, in Aluthgama eine Nachricht von ihnen zu finden.

Die Zerstörung, die wir in Küstennähe sahen, war nicht minder schrecklich als Stunden zuvor. Dennoch – die Todesangst, die ich empfunden hatte, war momentan so tief in mir vergraben, als hätte ich sie nicht erlebt. Womöglich hatte sich ein Schutzmechanismus in Gang gesetzt, der verhinderte, dass ich an lebensbedrohende Momente dachte?

Voller Schrecken sagte ich zu John: „Wie haben die Menschen das nur überstanden?"

Entgeistert sah ich die Vernichtung. Tränen stiegen mir in die Augen, füllten sie, liefen über. Ich stand im düsteren Zwielicht, betäubt vom Jammer der Einsamkeit ohne die Freunde, weinte und steigerte mich in ein schmerzendes Selbstmitleid hinein. Einzig die Sorge um die Freunde, um die „Familie meines Herzens", war in meinen Gedanken allgegenwärtig.

Auf den Straßen gab es kaum ein Durchkommen für uns, die Galle Road war total verwüstet. Überall lagen Boote auf der Straße. Frauen suchten in den Trümmern nach Verwertbarem. Unzählige Menschen hatten innerhalb von Minuten all ihr Hab und Gut verloren. Wie viele Familienmitglieder nicht wiederkommen würden, konnte zu diesem Zeitpunkt noch keiner wissen. Die Anzahl der Vermissten war hoch, doch niemand wollte in diesem Moment schon an den Tod geliebter Personen denken. Jeder hoffte noch auf ein glückliches Wiedersehen. Auch ich hoffte darauf, Cathleen wohlauf zu finden.

Leider wurden wir bitter enttäuscht. Regines Haus war nicht wiederzuerkennen, von Cathleen fehlte jede Spur. Auch über Kelum konnten wir nichts erfahren. Bis dahin hatte ich gehofft, dass auch er irgendwie zurück nach Aluthgama oder Bentota gekommen wäre. In Bentota war ich noch nicht. Wir wagten uns auch nicht hin.

Im Garten von Regines Gästehaus war das Wasser noch nicht ganz zurückgegangen. Wir sahen aufs Meer hinaus und entdeckten auf der gegenüberliegenden Seite der Landzunge, dass sie unterbrochen war. Das neue Hotel neben der Tauchschule – es sollte am 1.1.2005 eröffnet werden – war verschwunden. Fernando erzählte uns, dass er gesehen hatte, dass es wie ein Kartenhaus in sich zusammengefallen und im Meer versunken war. An dieser Stelle war jetzt das Meer zum Fluss hin offen, das Land dazwischen war samt den Häusern verschwunden. Das Bootshaus des Hotels Ceysands trieb wie eine herrenlose Fähre im Fluss.

Spätestens beim Anblick meines Zimmers wurde mir klar, dass es mein sicherer Tod gewesen wäre, wenn mich diese Katastrophe zu nachtschlafener Zeit erwischt hätte. Die meisten Möbel, egal wie groß sie waren, ob Einbauschränke, Kühlschränke oder TV-Geräte, waren durch die geschlossenen Türen in den Garten oder ins Wasser mitgerissen worden. Unvorstellbare Kräfte hatten hier gewirkt.

Ungeduldig bahnte ich mir einen Weg durch das „Gerümpel", dabei stach ich mir – besonders ungeschickt – mit einer Glasscherbe in den Finger. Ich stieß einen leisen Schmerzensschrei aus. Aus der winzigen Wunde quoll Blut. Zuerst eine blutrote Perle, dann ein ganzes Rinnsal. Ich beobachtete, wie der winzige rote Bach in meine Handfläche lief. Er wurde breiter. Seine Rot begann zu leuchten und zu glänzen, er entwickelte sich zu einem roten Spiegel. Cathleens Gesicht sah mir daraus entgegen. Ihre Stimme rief nach mir: „Anna, Anna, wo bist du? Du bist wahrhaftig keine Freundin! Du hast mich allein gelassen!" Die Wunde war klein, das Blut versiegte bald wieder, und damit verschwand auch Cathleens Gesicht.

Mittlerweile bekamen wir von anderen immer ärgere Hiobsbotschaften zu hören. Von immer mehr Bekannten erfuhren wir, dass sie entweder tot oder schwer verletzt waren. Medical Centers waren in der Strandregion kaum mehr benutzbar, die ortsansässigen Ärzte heillos überfordert. Still liefen die Tränen über meine Wangen. Ich fragte nach Cathleen, aber auch Fernando wusste nichts von ihr. In mir keimten ganz böse Ahnungen. Cathleens Blick aus dem Spiegel hypnotisierte mich. Bei jedem Singhalesen erkundigte ich mich nach Kelum, aber auch über ihn konnte ich nichts erfahren.

„John, warum lebe ich? Ich habe es nicht verdient, ich habe beide im Stich gelassen!", fragte ich verzweifelt.

„Jetzt hör aber schnell auf!", schimpfte er, „du stehst ja noch immer unter Schock!"

Ich wollte auch die übrigen Zimmer sehen, vor allem die oberen. Kopfschüttelnd ließ John mich gewähren. Ich hörte noch, wie er zu

Fernando sagte: „Ihr müsst auf euch aufpassen, das Erlebnis muss ja furchtbar gewesen sein. Ich selber war in Colombo, dort war es nicht so schlimm."

Als ich die Verwüstung in den übrigen Zimmern sah, dachte ich, wenn ich nicht bewusst wahrnehme, was ich hier sehe, dann würde ich aus einem bösen Traum aufwachen. Irgendwo hoffte ich immer noch, dass ich in meinem Bett lag und bald aufwachen konnte ... und alles war nur ein Albtraum gewesen. Die Nacht umschlang mich bedrückend, ließ mich aber nicht erwachen. Wie sollte sie auch, befand ich mich doch augenscheinlich in der Realität und nicht in einem Traum ... Alles war doch tatsächlich geschehen ... Ich konnte die Tatsachen zu diesem Zeitpunkt noch gar nicht fassen.

Ich ging nochmals in mein „Zimmer" – es glich ihm allerdings nicht mehr – und hatte das Gefühl, neben mir zu stehen, mir selbst zuzusehen. Ich reagierte mechanisch und wusste schon kurz darauf nicht mehr, was ich sagte und was ich tat. Cathleen begleitete mich unsichtbar bei jedem Schritt. „Ich muss an etwas anderes denken!", hörte ich mich sagen.

Wo war der Schrank ... das Bett ... und wo waren meine Kleider hingekommen? Ich wusste es nicht. „Hast du keine anderen Sorgen? Willst du nicht schnellstens deine Freunde finden? Sind dir deine Klamotten womöglich wichtiger als deine Freunde?", hörte ich mich sagen. Ich erschrak. Halluzinierte ich, hatte ich das wirklich gesagt?

Das Nächste, das ich bewusst dachte, war: „Oh Gott, wie bringen wir Regine bei, dass ihr Hotel von den Wellen zerstört worden ist? Es ist doch ihre Existenzgrundlage."

Nicht einen einzigen Gedanken wollte ich daran verschwenden, dass ihr und den anderen Freunden etwas passiert sein könnte. Jedwede Gedanken daran verbannte ich sofort, im Moment ihres Aufflackerns. Ebenso wenig nahm ich die Schmerzen meines eigenen Körpers wahr. Ich ging wieder zu John hinunter. Er nahm mich in die Arme und sagte: „Es ist besser, wir fahren wieder. Mir wäre wohler, wenn ich dich in Sicherheit wüsste, niemand kann sagen, ob nicht noch weitere Beben kommen werden. Also sei bitte vernünftig!"

Ich war aber störrisch und wollte auf die Freunde warten. Es kam mir gar nicht in den Sinn, dass es, selbst wenn sie wohlauf waren, gar nicht möglich gewesen wäre, an diesem Tag zurückzukommen. Selbst John musste schon über die Berge von Colombo nach Hause fahren, deswegen war er auch so spät gekommen.

Letztendlich gelang es John doch, mich zur Rückkehr in sein Haus zu bewegen. Ich bat jeden darum, Kelum oder Cathleen mitzuteilen, wo ich war, falls sie gesehen werden sollten, und dass sie ebenfalls zu John's Place kommen müssten.

John tröstete mich, wie auch sich selbst, indem er immer wieder versicherte, wie sehr er davon überzeugt sei, dass keiner von ihnen zu Schaden gekommen wäre.

Wieder begann ich von Cathleen zu sprechen. John wurde nun sehr böse. „Jetzt hör endlich auf! Ich habe dich bislang für eine sehr vernünftige Frau gehalten, du kannst nichts dafür, ein für alle Mal! Schluss damit!"

Wütend funkelte ich ihn an. „Ich weiß, dass ihr sie nicht mochtet, mir ist sie in den vergangenen Tagen auch auf die Nerven gegangen, aber das ist kein Grund, ihr Hilfe zu verwchren!"

„Hilfe verwehren? Du spinnst wohl! Du hast mehr getan als so mancher andere getan hätte. Jeder normale Mensch wäre weggerannt und nicht zurück! Jetzt will ich nichts mehr davon hören!"

Die Welle hatte alles niedergemäht, was ihr im Weg stand, sie war durch die Häuser einfach durchgefegt. Manche hielten stand, viele brachen in sich zusammen. Dabei waren die Häuser an der Flussseite noch besser dran. Die Landzunge zwischen Meer und Fluss hatte der Flutwelle schon einiges an Kraft genommen. Doch wenn sie sogar am Flussufer noch eine derartige Wucht gehabt hatte, kann man zumindest vage erahnen, wie sie am Strand gewesen sein musste. Wenn ich heute zurückdenke, weiß ich immer noch nicht, wie ich aus dem Wasser herausgekommen war. Es wird wohl für immer ein Rätsel bleiben, wer mich gerettet hat.

Gegen 20 Uhr funktionierte endlich der Strom wieder. Telefonieren konnte man noch immer nicht, weder mit dem Festnetz- noch mit dem Mobiltelefon. Wenigstens konnten wir den Fernsehapparat einschalten und Nachrichten sehen. John hatte eine Satellitenanlage, dadurch konnten wir CNN empfangen.

Was wir in den Nachrichten sahen, trieb uns Tränen in die Augen. Nun hatte auch John Angst um die Freunde – oder er zeigte sie zum ersten Mal. Er hatte nicht mehr die Energie, sie vor mir zu verbergen.

Die Medien berichteten von drei Wellen. Ich konnte das nicht verstehen, ich hatte vier wahrgenommen. Doch zwischen der ersten und der zweiten war geraume Zeit vergangen, und die erste Welle hatte kaum Schaden angerichtet. Keiner von uns wusste bei der ersten Wel-

le, was los war. Die gewaltige Naturkraft zeigte sich erst ab der zweiten. Die Wellen waren im wahrsten Sinne des Wortes ein Angriff, nicht von Menschen, nein, von der Natur …
In den Nachrichten von CNN hörten wir erstmals von der Zugsentgleisung bei Galle sowie von den Tausenden von Toten in den vom Tsunami betroffenen Ländern. Wir sahen, dass Galle, Hikkaduwa und Matara ebenso wie die Ostküste von den übermächtigen Wellen heimgesucht worden waren. Zu diesem Zeitpunkt hieß es noch, zwischen Galle und Matara wären die schlimmsten Schäden aufgetreten, und dort gäbe es auch die meisten Toten. Von der Ostküste hörte man noch nicht viel über das Ausmaß der Zerstörung.
Wir konnten nicht sprechen. Ich bat lediglich um Arrak. Ich brauchte ihn dringend. John war klug genug, mich keinem alkoholischen Exzess zu überlassen. Er gab mir nur einen kleinen Schluck.

Gegen 22 Uhr klopfte es. Wir erschraken beide. Einer von Johns Boys meinte, es sei jemand am Tor, der nach mir fragte. Ich wollte sofort von der Couch aufspringen. In diesem Moment klopften erstmals meine Schmerzen an mein Bewusstsein, das deshalb wankte. Ich konnte mich kaum rühren, hatte Prellungen am ganzen Körper. Vermutlich hatte bis dahin mein noch immer schockartiger Zustand wie ein Anästhetikum gewirkt.
John ging statt mir zum Tor an der Grundstücksgrenze, um nachzusehen, wer sich nach mir erkundigt hatte. Er kam mit Kelum zurück. In Aluthgama hatte man ihm gesagt, dass ich bei John sei. Der Arme sah extrem ausgemergelt aus. Als er mich sah, fiel er mir um den Hals und begann zu weinen. Seit uns die Welle getrennt hatte, war er auf der Suche nach mir gewesen. Er hatte schon gedacht, ich wäre im Meer verschwunden, vom Sog hinausgezogen worden. Auch ich heulte los, denn ich hatte das Gleiche von ihm befürchtet. „Ich wusste schon nicht mehr, ob ich glauben sollte oder nicht, dass du wirklich bei John bist. Jeder Menschen, den ich nach dir fragte, hat dich an einem anderen Platz gesehen!" Kelums Worte klangen spürbar verzweifelt. Jeder suchte jeden …, jeder war allein, wie in einer Wüste ausgesetzt! Die Menschen, die Kelum berichteten, dass sie mich gesehen hatten, konnten durchaus die Wahrheit gesagt haben, denn auch ich war lange suchend umhergeirrt. Auf der Suche nach irgendeinem der Freunde, der Bekannten.

Ich war glücklich, wenigstens einen wiederzuhaben. Auch John war froh, ihn zu sehen. Kelum wusste leider ebenfalls nichts von Cathleen.

Ich sagte nichts von meinen Selbstvorwürfen, dass ich sie nicht hätte zurücklassen dürfen. Andererseits war damals ein derartiger Lärm, herrschte eine unvorstellbare Panik unter den Menschen. Ich konnte mir nicht vorstellen, dass sie sich der Gefahr nicht bewusst geworden war. Doch hatte sie ihre Erkenntnis rechtzeitig erreicht? Das Schuldgefühl lässt mich noch heute vor jedem Spiegel erschaudern. Immer noch sehe ich sie darin!

Sobald ich die Augen schloss, sah ich die Welle auf mich zukommen, sah, wie ich mich an der Krone der Kokospalme festhielt, und spürte, wie mich das Wasser mitriss. Gleichzeitig war auch Cathleen gegenwärtig. Ich sah sie tot im Wasser treiben, obwohl ich wusste, dass es nicht möglich sein konnte, zumal sie noch in ihrem Zimmer war. War sie dort geblieben? Warum war sie dann unauffindbar?

Auch ihr Zimmer war chaotisch und beschädigt, obwohl es sich im ersten Stock befand. Die Fenster waren eingeschlagen, überall lagen Glassplitter, teilweise waren die Möbel ruiniert. Ich konnte mit eigenen Augen sehen, dass die Wellen viel höher waren als ein Mensch groß ist. Einige Hotels waren bis zur zweiten Etage hinauf zerstört, bei anderen hingegen war nur der erste Stock in Mitleidenschaft gezogen oder sogar nur das Parterre. Ich konnte mir nicht vorstellen, woher diese Unterschiede kamen, doch ich durfte mir mit derartigen Gedanken den Kopf nicht noch zusätzlich zermartern. Es lagen Gartenmöbel und Gartengeräte im Zimmer, sie waren vom Wasser hineingefegt worden. Von Cathleen fehlte jede Spur. Niemand konnte mir etwas über sie sagen. Sie hatte ein Eckzimmer bewohnt. Das Haus nebenan war ein kompletter Trümmerhaufen, es war in sich zusammengefallen. Auf unserem Balkon lagen Mauerteile von diesem Nachbarhaus. Ich behielt diese Bilder aber für mich. Ich wollte John und Kelum nicht mit meinen Ängsten und Schuldgefühlen belasten.

Viele Häuser waren gänzlich dem Erdboden gleichgemacht, andere waren unterspült worden. Man musste befürchten, dass sie nachträglich noch zusammenbrechen würden. Von einigen stand das Fundament noch, dazwischen gab es das eine oder andere Gebäude, das augenscheinlich fast nichts abbekommen hatte.

Wir erzählten uns gegenseitig, was wir wussten, wer welche Personen vermisste. Einzig positiv war, dass Kelums Eltern sowie seine Schwester und einer seiner Brüder unbeschadet davongekommen waren. Ihr Haus stand zwar noch, doch alles darin war hinausgespült worden.

Der 26. Dezember war ein Vollmondtag. Diese Tage sind für die Buddhisten wie bei uns Sonntage. An diesen Tagen wird nicht gearbeitet, daher war sein Vater mit seinem Katamaran nicht auf dem Meer gewesen. Er ist Fischer. Kelums nicht so strenggläubiger älterer Bruder war wohl aus wirtschaftlichen Gründen trotzdem aufs Meer hinausgefahren, um zu fischen. Von ihm fehlte an diesem Abend noch jede Spur.

Es war meinem Willen nicht vergönnt, die Besorgnis um die Freunde, die sich vermutlich in Galle befanden, zu verdrängen oder mir zu suggerieren, dass es ihnen gut gehe. Also sprach ich aus, was die anderen auch dachten: Was wird mit Regine, Ireen und den anderen sein?

John versuchte mich zu trösten, Kelum legte seinen Arm um mich. Wir standen alle drei eng beieinander. Trotz der tropischen Temperaturen fror ich. John fand am schnellsten die Sprache wieder. „Wir werden gleich am Morgen aufbrechen und nach Galle fahren", sagte er ermutigend zu mir.

„Das wird nicht möglich sein, die Straße ist nicht passierbar", wandte Kelum ein. „Kalu ist auch nicht erreichbar", fügte er hinzu. Das war nicht gerade aufbauend für mich, doch ich tröstete mich damit, dass im Moment noch niemand übers Handy erreichbar war. Wir hatten es schon viele Male von Johns Mobiltelefon aus probiert. Es war einfach unmöglich, eine Verbindung aufzubauen.

„Ich weiß, es ist nicht möglich, die Galle Road zu benutzen, aber wir könnten über die Berge fahren. Treibstoff müsste ich noch genug haben, und die Reservekanister sind auch noch voll!" Ich sah ihn dankbar an. Ich musste etwas tun, ich konnte nicht einfach nur herumsitzen und warten.

„Was meint ihr dazu, wenn wir uns ein wenig hinlegen?", fragte uns John.

„Ich kann ohnehin nicht schlafen", protestierte ich.

„Das glauben wir dir schon", entgegnete Kelum, „doch ein wenig ausruhen solltest du dich schon, bevor wir aufbrechen!"

Ich legte mich auf die Couch in Johns Wohnzimmer, er schaltete die Deckenbeleuchtung aus und knipste nur eine kleine Wandlampe an. Ich war froh, dass etwas Licht brannte. In mir wirbelten die Eindrücke und die zusammengewürfelten Schreckensbilder durcheinander. Ich fühlte mich noch immer wie in einem Traum und hoffte, bald aufzuwachen und alles wäre nicht geschehen.

Sobald ich die Augen schloss, waren die grausigen Bilder bedrückend gegenwärtig. Ich spürte erneut die Wucht des Wassers und fühlte, wie Kelum mich im Garten herauszog. Aber wer hatte mich nach der zweiten übermächtigen Welle aus den Fluten geholt? Ich fühlte nur starke Hände und hörte fremde Stimmen, die singhalesisch sprachen, spürte wieder den Druck, sah das zerborstene Glas.

Mittlerweile spürte ich auch meine Prellungen sehr stark, das Einatmen schmerzte am meisten. Beim Gedanken an Cathleen und die anderen Freunde vergaß ich jedoch meinen malträtierten Körper, die Sorge war stärker!

Ich konnte den Morgen kaum erwarten. John schlief in einem bequemen Sessel. Ich hörte ihn leise und gleichmäßig atmen. Für ihn war es etwas einfacher, er hatte zwar die Verwüstung am Nachmittag gesehen, war aber nicht dabei, als das Unglück passierte. Trotzdem war ich ihm dankbar, dass er im Raum blieb.

Kelum hatte es sich im zweiten Sessel bequem gemacht, aber auch er schlief nicht. Leise fragte ich ihn: „Wie geht es dir?" Er antwortete mit belegter Stimme: „Ich bin glücklich, dass ich dich gefunden habe, dass meine Eltern und zwei meiner Geschwister wohlauf sind. Ich fürchte jedoch um meinen Bruder. Er war draußen auf dem Meer, womöglich hat er es nicht geschafft, sonst wäre er am Abend zurückgewesen."

Ich versuchte, ihm Mut zuzusprechen, ein wenig wohl auch, um mich selbst zu beruhigen. „Vielleicht hatte er keine Möglichkeit, nach Aluthgama zu gelangen. Du weißt, wie schwierig es war, überhaupt vorwärtszukommen. Vielleicht ist er aber auch verletzt. Du darfst nicht gleich das Schlimmste annehmen!"

„Hoffentlich ist deine Vermutung richtig, aber wenn ich mit dem Schlimmsten rechne, kann ich nicht enttäuscht werden."

John schlief. Wir schlichen uns ins andere Zimmer, schalteten den Fernseher ein und schauten CNN. Die Nachrichten waren erschütternd. Wir erfuhren die ersten Zahlen der Todesopfer. Demnach sollte es in Sri Lanka mehr als 20.000 Tote geben. Ich dachte, dass die Zahl in den nächsten Tagen sicherlich geringer würde. Viele hatten sich in Sicherheit bringen können und würden sich so bald wie möglich melden. Wie gut, dass ich nicht wusste, dass die Zahlen im Gegenteil täglich nach oben revidiert werden mussten.

Es wollte mir nicht gelingen, mich von den Nachrichten loszureißen. Die Nachrichtensprecherin hatte dunkle Haare. Nach und nach wurden ihre Haare immer heller und heller, bis sie letztendlich strohblond war, urplötzlich Cathleen aufs Haar glich und mir provokant zulächelte. Ich blickte zu Kelum hinüber, er musste sie doch auch erkennen! Warum reagierte er nicht? Meine überreizten Sinne spielten mir wieder einmal einen schaurigen, Schüttelfrost erregenden Streich!

Dann sahen wir noch die Bilder aus Indien, Thailand und Indonesien. Erst jetzt erkannten wir das immense Ausmaß dieser Naturkatastrophe.

Ich erschrak immer mehr. Mike, Regines Sohn, war in der Nacht zuvor nach Thailand geflogen, er wollte Silvester mit Freunden in Pukhet verbringen. Ich konnte nur noch „Michael" stammeln und „arme Regine". Hoffentlich wusste sie davon noch nichts. Den Gedanken, dass ihr und den anderen ebenfalls etwas passiert sein könnte, diesen Gedanken schob ich weit von mir weg – ich wollte ihn um nichts im Leben zulassen. Wir saßen die ganze Nacht vor dem Fernseher und sahen uns die traurigen Berichte an.

Gegen sechs Uhr morgens kam John in den Raum und sagte: „Ihr solltet euch doch ausruhen!" Ich konnte ohnehin nicht schlafen, ich wollte nur wissen, was los ist, wollte die Ausmaße des Unheils begreifen, doch die Wogen der Gefühle hemmten meine Gedanken. Ich antwortete John: „Wir müssen ja nicht am Steuer sitzen. Fährst du selbst oder jemand von deinem Personal?"

„Nein, ich fahre nicht selbst, einer meiner Boys muss fahren!"

Bevor wir losfuhren, tranken wir Kaffee und machten uns dann auf den Weg. Zuerst fuhren wir zu dem Tempel, in den Kelums Familie für die Nacht gegangen war. Er wollte nach ihnen sehen, natürlich wollte er auch wissen, ob es Neuigkeiten von seinem Bruder gab.

Ich betrat mit Kelum den Tempel. Erstaunt stellte ich fest, dass sich auch viele Touristen im Tempel befanden. Sofort kam einer der Mönche auf mich zu und erkundigte sich, ob ich Hilfe benötigte, ob ich Personen vermisste, ob ich mein Gepäck verloren hätte. Als ich ihm antwortete, dass ich alles verloren hatte, es mir aber gut ginge – über die vermissten Freunde konnte ich nicht sprechen, ohne die Fassung zu verlieren –, bot er mir an, im Tempel zu bleiben. Ich lehnte dankend ab und erzählte ihm, dass ich bei einem Freund, etwas entfernter vom Strand, Unterkunft gefunden hatte. Er war sichtlich erleichtert und wünschte mir alles Gute, nicht ohne ein kurzes Gebet für mich zu sprechen. Ich war sehr gerührt, ungeweinte Tränen brannten in meinen Augen. So viel Hilfsbereitschaft, wie ich sie von den Einheimischen zu dieser Zeit erfuhr, hatte ich nie zuvor erlebt. Von Menschen, die selbst alles verloren hatten, nicht nur Materielles, auch Familienmitglieder und nicht zu vergessen jedwede Lebensperspektive, zumindest für sehr lange Zeit. Wer nicht mit eigenen Augen sehen konnte, wie es dort aussah, wie alles zerstört war, kann sich das gar nicht vorstellen.

Johns Personal hatte die ganze Nacht gekocht, alles portioniert und verpackt. Wir waren mit mindestens dreihundert Lunchpaketen ausgerüstet. Bevor wir nach Galle aufbrachen, verteilten wir sie im Raum Aluthgama an die Personen, die nicht in die Tempel geflüchtet waren und die wir vor ihren zerstörten Häusern vorfanden.

Die grotesk zerstörten Häuser, die ich sah, vergrößerten meine Angst um Cathleen noch mehr. Der Spiegel tauchte wieder auf.

John schickte seinen Fahrer zurück zu seinem Haus. Er veranlasste, dass im unteren Trakt Notunterkünfte für mindestens 40 bis 50 Personen errichtet wurden und dass ein Fahrer mit dem zweiten Van kam. Er bot Frauen mit kleinen Kindern für die ersten Tage Unterkunft in seinem Haus an. So hatten diese für die nächsten Tage einen sicheren Schlafplatz und Verpflegung. Die Ehemänner waren ihm sehr dankbar dafür. Noch war die Gefahr nicht gebannt, es wurde ausdrücklich vor Nachbeben gewarnt. Nun mussten sich zumindest einige von ihnen nicht um ihre Familie sorgen und konnten anderen helfen, ihre Angehörigen zu schützen. John wählte die Mütter sorgsam nach dem Alter der Kinder aus. Seine Vorgangsweise hat einigen vielleicht nicht gefallen, doch ich fand, dass er richtig handelte. Die kleinen Kinder mussten besonders beschützt werden, sie wären sonst gewiss verloren gewesen. Sie in diesem Schrecken von ihren Müttern zu trennen, wäre wohl unmenschlich gewesen.

Als wir alle Lunchpakete verteilt hatten und der Transport zu Johns Haus mit dem zweiten Van angelaufen war, machten wir uns endlich auf den Weg nach Galle. Bei Fernando und Anil hielten wir kurz an und baten beide, nach Cathleen zu suchen, dann fuhren wir endgültig los.

Fast fünf Stunden waren wir unterwegs, bis wir in Galle eintrafen. Über die Berge kommend erreichten wir den Stadtrand. Die Hauptverbindung über die Galle Road war nicht passierbar. Wir mussten auch relativ weit draußen am Rand der Stadt halten und zu Fuß weitergehen, es war uns nicht mehr möglich, weiterzufahren. Dann wollten Polizisten uns erst gar nicht ins Zentrum hineinlassen, wir setzten uns jedoch durch und erklärten, wir müssten unbedingt Angehörige suchen. Ich glaube heute, ohne Kelum hätten wir kaum eine Chance gehabt. Auch wenn wir ein bisschen von der Landessprache verstehen, wäre es doch zu wenig gewesen, um uns verständigen zu können. In dieser Extremsituation hatten offensichtlich alle Singhalesen ihre Englischkenntnisse vergessen. Das von der Natur verursachte Chaos hätte selbst ein Steven Spielberg nie so dramatisch inszenieren können. Die Natur demaskierte die Bescheidenheit der menschlichen Vorstellungskraft. Überall herrschte größte Aufregung – fast ein Beweis dafür, dass alle die brutale Wahrheit keinesfalls akzeptieren wollten. Am grausigsten waren die verunstalteten Toten – wie auf einem Schlachtfeld verteilt. Und noch immer wurden Leichen aus den Trümmern hervorgeholt.

Wie in Trance wandelte ich von einem Toten zum nächsten und inspizierte sie alle – beinahe hätte ich schwören können, die schrillen Schreie über uns schwebender Aasgeier zu hören, und ich scheute mich davor, ihren gierigen Blicken zu begegnen. Von den bereits zugedeckten Leichen musste ich widerwillig die Tücher heben, jedes Mal voller Angst, einen meiner Freunde darunter zu finden. Und die vielen Namenlosen – hätten es nicht auch Freunde sein können? Waren sie nicht alle Freunde von jemandem?

Teilweise waren die Leichen derart verunstaltet – viel schlimmer als in manchem Horrorfilm –, dass ich meine Freunde nicht einmal hätte erkennen können, wenn denn einer dabei gewesen wäre. Ich frage mich immer wieder, wie ich das durchgestanden habe. Ich muss mich wohl in eine fremde Person verwandelt haben, die ich aufmerksam beobachtete. Höchstwahrscheinlich wollte ich vor mir selbst fliehen, obwohl ich doch unbedingt meine Freunde finden wollte. Ich spürte Cathleens Blick im Rücken, drehte mich um und sah in ihre nicht vorhandenen, spöttisch lächelnden Augen …

Die vielen Toten! Hätten diese Menschen sich träumen lassen, ein derartiges Schicksal zu erleben? Einerseits zwang ich mich dazu, mich von den erdrückenden Gedanken zu lösen, andererseits trieb mich eine innere Macht dazu, das Schicksal aller Toten dieses Schlachtfelds nachvollziehen zu wollen.

Galle galt immer als die Metropole des Südens von Sri Lanka. Jetzt würden auch aktuelle Satellitenbilder es nicht mehr erkennen. Alle Wege führen nach Rom, an diesem Tag jedoch kaum einer nach Galle. So stelle ich mir ein Gebiet nach einem heutigen ultramodernen Bombenangriff vor.

Natur gegen Mensch? War diese Naturkatastrophe wirklich so unmenschlich? Wie ein subtil geplanter Bombenangriff, der in der Presse relativierende Kommentare hervorrufen würde? Ist es denn nicht ein Privileg des Menschen, im Namen der Macht unmenschlich zu sein und ganze Gebiete zu zerstören und ihre Bevölkerung fast ratzekahl auszurotten – wie in Vietnam, bei Völkermord aller Art und Vorkommnissen wie dem 11. September 2001 oder der Ermordung von Martin Luther King, J. F. Kennedy, Olaf Palme …

Das Krankenhaus, der Bahnhof, die Schulen, der Markt, das Basarviertel, alles, was die Stadt lebendig und zur Metropole gemacht hatte, war gänzlich zerstört oder so desolat, dass nichts mehr zu retten war. Besonders hatte ich immer das Freilichtmuseum geliebt, das meine Fantasie anregte und mich in die Kolonialzeit zurückversetzte. So war es auch während unserer Suche. Diese Flucht der Gedanken war eine Art Selbstschutz, um nicht vom Seelenschmerz gefoltert zu werden. Ich gestehe freimütig, dass mir meine Freunde im Herzen näher stehen als Teile meiner Familie.

Ich lief von der Main Street in Richtung Hafen. Überall Leichen, beginnender Verwesungsgeruch – keine Särge in Sicht, nur weiße Tücher! Warum zum Kuckuck versetzten mich die weißen Tücher in die Zeit des niemals miterlebten schwarzen Todes, der Pest? Galles Geschichte war mir plötzlich so präsent, als hätte ich hier verschiedene Epochen miterlebt. Schon ab dem 8. Jahrhundert liefen Schiffe von arabischen Händlern sowie chinesische Dschunken Galle an. Der Ort war zu einem wichtigen Umschlagplatz für den Handel zwischen Arabern und dem Reich der Mitte geworden, lange bevor die Ausbeutung durch die europäischen Kolonialherren begann. Sie waren für mich die Nachkommen der christlichen Kreuzritter, die angeblich nur ihrem Glauben zuliebe gemordet und geplündert haben – die „gesegneten Barbaren".

Ungewollt landeten die ersten Portugiesen hier bereits im Jahre 1505, denn sie wurden vom Monsunwind abgetrieben und sind in Galle an Land gegangen. Die Ankömmlinge hatten eine Befestigungsanlage errichtet, die im Jahre 1640 jedoch von den Holländern kassiert wurde. Über diese Zeit weiß man nur wenig. Während der Eroberung wurden leider alle Dokumente vernichtet. Fest steht nur, dass die Portugiesen Galle den Namen gaben. Die neuen Machthaber, die Holländer, machten Galle dann zum Hauptstützpunkt ihrer neu erbeuteten Kolonie. Das Fort wurde von ihnen weiter ausgebaut und ist bis dato noch in der ursprünglichen Form erhalten. Galle wurde zum wichtigsten Hafen und zu einem Umschlagplatz für Gewürze. Erst im 19. Jahrhundert, als die Holländer die Kolonie an die Engländer abgeben mussten, verlagerte sich der Handel immer mehr nach Colombo.

Sehr oft war ich bei meinen vielen Besuchen in Galle durch die Gässchen, Straßen und auf den Befestigungsanlagen rund um die Stadt spaziert – auf der Sun Bastion, Moon Bastion, Star Bastion, Aelus Bastion, Clippenberg Bastion, Neptun Bastion, Triton Bastion, Flag Rock, Point Utrecht Bastion, Aurora Bastion, Akersloot Bastion und Zwart Bastion. Galle war einer der schönsten Orte an der Südküste der Insel. Die Insel Sri Lanka hat nicht umsonst die Form einer Perle, sie war auch bis zum Tsunami wahrhaftig eine Perle der Natur.

Der Abend brach herein. Es wurde eine Ausgangssperre über Galle verhängt. Nur Hilfstruppen durften auf den Straßen sein. Die Behörden hatten Angst vor Plünderungen. John drängte uns dazu, zum Auto zurückzukehren. Er hatte festgestellt, dass sein Handy zeitweise funktionierte. In seinem Haus war das Festnetz offensichtlich wieder intakt, er wurde von seinen Leuten bereits angerufen.

John schlug vor, etwas weiter ins Landesinnere zu fahren und uns irgendwo ein Quartier zu suchen. Falls nötig, konnten wir auch im Auto schlafen. Er hatte ein paar Kokosnüsse gesammelt. Auf meine Frage, was er damit wollte, lächelte er mitfühlend und sagte, dass wir sie als Proviant brauchten, da wir kaum etwas anderes bekommen würden. Sie sind nahrhaft und enthalten auch Flüssigkeit. Kelum fand auf der Straße ein Messer, mit dem normalerweise Kokosnüsse gekappt werden. Er hatte denselben Gedanken wie John, denn er nahm es an sich. John hatte im Auto ein Feuerzeug. Mit dem brannte er die Klinge ab. Dann tranken wir jeder den Saft einer King-Coco-Nut. Bislang war mir nicht bewusst geworden, dass ich seit dem Kaffee zum Frühstück weder etwas getrunken noch gegessen hatte. Ich hatte auch den ganzen Tag kein Verlangen danach, nicht einmal durstig war ich – trotz der Affenhitze.

Wenn ich die ganze Situation aus heutiger Sicht betrachte, empfinde ich es als ein Wunder der Natur, dass mein Körper ohne äußeres Zutun auf Sparflamme schalten konnte und seine Bedürfnisse automatisch zurückschraubte. Wasser zu trinken wäre mit an Sicherheit grenzender Wahrscheinlichkeit fatal gewesen und hätte uns wohl in größte

Gefahr gebracht. Erst als ich ein paarmal aus der King-Coco-Nut getrunken hatte, merkte ich, dass ich sehr durstig war. Kelum ermahnte mich, langsam zu trinken.

Wir schliefen tatsächlich im Van. Es war unmöglich, ein Quartier zu finden. Aus den Küstenregionen waren allzu viele Personen ins Landesinnere geflüchtet und notdürftigst untergebracht worden. Auf einer Breite von zwei bis fünf Kilometern – je nach Küstenabschnitt – war in Richtung Landesinneres alles platt.

Weiter wollten wir nicht fahren, sondern am nächsten Tag zeitig die Suche wieder aufnehmen, außerdem mussten wir mit unserem Treibstoff sehr sparsam umgehen. In diesen Tagen war es nicht möglich, ihn käuflich zu erwerben.

Zu sagen, dass wir schliefen, wäre übertrieben, wir dösten. Zuerst sprachen wir lange miteinander. Endlich löste sich die Spannung in meinem Inneren, und alle meine Ängste kamen an die Oberfläche. Eine wahre Tränenflut stürzte wie ein Gebirgsbach aus mir heraus. John sagte: „Endlich, ich dachte schon, die Tränen würden nie kommen, lass sie ruhig heraus, es befreit, glaube mir!"

Wir sprachen alle drei noch lange über die unbeschreiblich erschütternden Bilder dieses Tages. Auch die Männer weinten Tränen der Hoffnungslosigkeit, der Verzweiflung über die vielen tausend Toten. Unsere einstimmige Meinung an diesem Abend war: Das Land ist am Ende, es ist zerstört, und zwar zur Gänze.

Auch das haarsträubende Zugunglück bei Galle kam zur Sprache. Wir haben Teile der Bahnstrecke gesehen, dort würde höchstwahrscheinlich lange kein Zug mehr fahren. John meinte, dass die Signale wohl für viele Monate auf Rot stehen würden. Die Zukunft wird uns zeigen, wie viele Monate es wirklich sein werden. Ich glaube auch nicht, dass man je die Opferzahl des Zugunglücks wird feststellen können. Niemand kann sagen, wie viele ins Meer gespült wurden. Ich machte mir laut Gedanken über die Auswirkungen der Katastrophe auf die Infrastruktur dieser Region – die Straßen waren größtenteils unpassierbar und die einzige Zugverbindung für lange Zeit nicht benutzbar. Niemand dürfte mich fragen, warum man sich in solchen Situationen derartiger Gedanken nicht erwehren kann. Ich denke, zu diesem Zeitpunkt standen wir alle immer noch unter Schock – er machte uns zum Spielball aller möglichen Gedanken. Wir waren sicherlich nicht mit normalen Maßstäben zu messen. Unter solchen Umständen – mit welchen Maßstäben dürfte man sich da messen?

„So wie ich die Bahnstrecke vor mir gesehen habe", sagte ich zu John und Kelum, „und wie ich die Wellen erlebt habe, kann ich mir vorstellen, dass die Waggons wie die einer Märklin-Bahn von den Gleisen gespült wurden!" Die Menschen im Zug waren dem Tod chancenlos ausgeliefert. Wir hatten mit eigenen Augen gesehen, wie die Wellen mit stählernern Fäusten alles zermalmten, was versuchte, ihre Urgewalt zu behindern.

Gegen Mitternacht nahmen wir gemeinsam noch eine Kokosnuss zu uns, die beiden anderen, die wir noch in unserem Vorrat hatten, wollten wir uns für den Morgen aufheben. Dann versuchten wir, erlösenden Schlaf zu finden. Ich schloss die Augen. Alles, was ich sah, waren Tote, Wellen und schreiende Kinder. Ich war so müde, dass ich schließlich doch einnickte. Alle Eindrücke der vergangenen zwei Tage kamen jedoch unkontrolliert und ungesiebt erneut nach oben. Bald war ich wieder hellwach und trotzdem noch benommen wie nach einer Narkose. Ich muss gestehen, in dieser Nacht habe ich wieder zu beten gelernt. Ich betete für Ireen, Regine, Lorrain, Kalu, Manju und Cathleen. Ich wagte nicht mehr darum zu bitten, sie wohlauf zu finden, diese Hoffnung hatte ich fast schon aufgegeben. Doch ich betete darum, sie lebend zu finden.

Nach meinem Gebet war ich jedoch nicht beseelt von Zuversicht. Im Gegenteil, ich war noch deprimierter. Ich fragte mich, warum Gott, Buddha oder wie sie sonst, je nach Glaubensgemeinschaft, heißen mögen, diese Katastrophe zugelassen hatten. Warum mussten so viele das ohnedies viel zu kurze Leben verlieren? Warum waren so viele Kinder darunter? Kinder, die ihr ganzes Leben noch vor sich hatten, die noch nichts derart Schlimmes verbrochen haben konnten, dass sie mit dem Tod bestraft werden sollten. Die Religionen behaupten immer, Gott ist gerecht. Wo ist denn seine Gerechtigkeit? Stellt er mit solchem Grauen nicht alle Gläubigen auf eine sehr harte Probe?

Die abstrusesten Gedanken spulten sich in mir ab. Wer ist Gott? Heißt Gott nicht vielleicht „Natur"? Angesichts solcher Naturereignisse ist dieser Gedanke vielleicht nicht so absurd. Ist es nicht die Natur, die Leben erschafft, und ist es nicht in den meisten Fällen auch die Natur, die es wieder nimmt? Müssten wir uns nicht alle selbst diversester Verbrechen wider die Natur anklagen? Sicher, dieses Seebeben wurde nicht unbedingt durch unsere Umweltsünden hervorgerufen, doch denken wir an Naturkatastrophen in unseren Bereichen – was ist mit den beständig häufiger werdenden Lawinenunglücken, was war mit der Hochwasserkatastrophe im Kamptal? Bei diesen zunehmenden Naturkatastrophen – können wir Menschen uns da wirklich als Unschuldslämmer betrachten?

Endlich, endlich war es Morgen! Beide Männer hatten – wie ich – kaum geschlafen. Immer noch todmüde nahmen wir die restlichen beiden Kokosnüsse zu uns und machten uns ohne jegliche Körperpflege auf den Weg. Hätte mir noch vor Tagen jemand gesagt, dass ich einmal ohne Morgentoilette unter die Menschen gehen würde, ich hätte denjenigen für verrückt erklärt.

Aufgewühlt fuhren wir nach Galle hinein. Mittlerweile hatten wir schon mehrmals versucht, in Aluthgama anzurufen. Es gelang uns sogar zweimal, von Johns Mobiltelefon aus eine Verbindung herzustellen. Nach wie vor fehlte von Cathleen jegliche Spur. Ich fühlte mich immer noch schuldig. Ich hatte sie keinesfalls alleine zurücklassen dürfen! Diese Schuldgefühle begleiten mich seither täglich wie ein Schatten.

Was würde uns erwarten? Würden wir jemanden finden? Wenn ja, wie würden wir die Freunde finden? Tot oder lebend? Wieder baute sich eine Mauer um mich herum auf.

An diesem Morgen gingen wir zuallererst zur Leichenhalle des Karapitiya-Krankenhauses. Dort waren sicher mehr als 500 Leichen aufgebahrt. Wir haben uns jede einzelne angeschaut, immer in der Angst, einen der Freunde zu finden. Diese Leichen waren augenscheinlich durchwegs Wasserleichen. Sie waren von den Wassermengen, die sie aufgenommen hatten, grotesk aufgedunsen, fast wie das Michelin-Männchen Bibendum. In der Haupthalle wurden immer mehr Leichen abgeladen. Bei dem mit Chemikalien gemischten Leichengestank musste ich mich übergeben. Ich musste sofort aus dieser Halle hinaus. John brachte mich nach draußen. Er ließ mich auch nicht mehr hinein. „Das übersteigt deine Kräfte", sagte er, „es nützt uns allen nichts, wenn du zusammenbrichst. Warte hier auf uns!" Es hätte nicht seiner ermahnenden Worte bedurft, denn ich wäre gar nicht mehr in der Lage gewesen, wieder hineinzugehen.

Vor dem Krankenhaus war eine Stellwand aufgebaut worden. Sie war übersät mit Suchmeldungen. Ich hatte weder einen Zettel noch etwas zum Schreiben bei mir. Verzweifelt wandte ich mich an eine Touristin, die vor der Wand stand. Es war eine Engländerin, die ebenfalls

Angehörige suchte, und bat sie um einen Stift und ein Stück Papier. Zu meinem Glück hatte sie beides. Sofort schrieb ich eine Mitteilung, die lautete: „Ireen, Fiona, Regine, Kalu und Manju! Wir sind in Galle auf der Suche nach euch! Solltet ihr diese Nachricht lesen, ruft uns bitte unter Johns Handynummer an. Versucht es öfter, die Leitung geht nur selten. Wir lieben euch! Bitte meldet euch! Anna, John und Kelum." Ich las meine Nachricht noch einmal durch und suchte einen freien Platz an der Wand. Zwanghaft las ich dabei einige der anderen Suchmeldungen, die vielfach auch mit Fotos versehen waren. Plötzlich verwandelten sich die Zettel in weiße, flatternde Leichentücher. Ich schüttelte mich, um wieder klar denken zu können, um den unsichtbaren Hypnotiseur zu verscheuchen. Dann befestigte ich mein Blatt an der Wand – inmitten aller anderen Nachrichten. Dabei betrachtete ich die Engländerin. Wie sie sich wohl fühlte? Wie wurde sie mit ihren Ängsten fertig? Wen sie wohl suchen mochte? Sollte ich sie fragen? Wollte sie überhaupt darüber sprechen? Sie musste wohl meine Blicke gespürt haben, denn sie sah herüber zu mir und direkt in meine Augen. Ich konnte grenzenlosen Schmerz darin erkennen. Sollte ich sie ansprechen? Wie sollte ich sie ansprechen? Ich fragte mich, ob auch sie an meinen Schmerz und meine Ängste denken würde. Ich sah sie in meinen Gedanken auch über all die Trümmerhaufen steigen, sah, wie sie in Schutthaufen mit bloßen Händen zu graben begann, ob sich darunter vielleicht einer ihrer vermissten Angehörigen oder Freunde befand. Plötzlich spürte ich zu meinem Schmerz auch noch den ihren. Geteiltes Leid ist halbes Leid? In diesen Tagen sicher nicht! Der Schmerz vervielfältigte sich! Ich fühlte ihre Verlorenheit, spürte das Gefühl ihres Alleinseins. Wir starrten uns beide unvermittelt an, voller unausgesprochener Fragen in unseren Augen. Es war, als hätte eine Spinne in Windeseile ein Netz um uns herum gewoben. Ich fühlte mich eins mit dieser wildfremden Frau. Trotzdem traf es mich völlig unvorbereitet, als sie plötzlich das Wort an mich richtete. „Es ergeht Ihnen wie mir", sagte sie, „ich sehe es in Ihren Augen!" Ein freundliches Lächeln schlich um ihre Mundwinkel.

„Ich denke, ja", antwortete ich und versuchte, ihr Lächeln zu erwidern. Sie suchte ihren Mann und ihre Tochter, wie sie mir erzählte. Oh Gott, dachte ich, wie schrecklich! Was kann es Schlimmeres geben, als um das eigene Kind zu bangen, nicht zu wissen, ob es überlebt hatte oder nicht, und wenn es überlebt hatte, dann wie? Sich die Angst vorstellen zu müssen, die das eigene Kind in den schrecklichsten Stunden – von der Mutter verlassen – fühlen musste! Wie konnte diese

Frau das nur ertragen? Ich erzählte ihr, dass ich auf der Suche nach fünf Freunden war, wobei zwei Frauen unter ihnen meine Schwestern waren, zwar nicht biologisch gesehen, dennoch waren sie meine Schwestern. Auf einmal kam mir mein Schmerz im Gegensatz zu ihrem lächerlich vor. Doch warum fühlte ich ihn dann so brennend in meiner Brust? Wäre ich überhaupt in der Lage gewesen, den Schmerz einer Angst um das eigene Kind so wie diese Frau zu ertragen? In dem Moment dachte ich nur: Wie grässlich, dass man das schier Unerträgliche trotzdem aushalten muss. Wir redeten noch ein wenig miteinander und sprachen uns gegenseitig Trost und Mut zu. Einander umarmend verabschiedeten wir uns.

Seit dieser Begegnung sah ich die Menschen anders, sah in jedem einen Suchenden, einen Suchenden voller Angst und Verzweiflung. Ich fragte mich, ob diese Menschen mich auch so sahen. Was würden sie in mich hineininterpretieren? Fühlten sie auch meine Verzweiflung? Sah man sie mir so deutlich an? Warum waren alle Menschen, die einander begegneten, so voller Hilfsbereitschaft und Freundlichkeit? Fühlte sich jeder mit dem anderen im Leid verbunden? Es heißt ja: Geteiltes Leid ist halbes Leid! Aber stimmt das wirklich? Wird das eigene Leid wirklich geringer, wenn man weiß, dass alle anderen ähnliche Schicksale haben?

Ich war nicht in der Lage, mir diese Frage zu beantworten. Ich bin es auch heute noch nicht. Aber eines kann ich mit ruhigem Gewissen behaupten: Die Gemeinsamkeit des Schicksals, die gemeinsamen Erlebnisse während dieser Flutkatastrophe gaben uns unbeschadet Gebliebenen Kraft. Zumindest empfand ich es so.

Wie oft waren mir Menschen zu Hilfe gekommen, wenn sie sahen, dass ich mit bloßen Händen versuchte, in einem Schutthaufen zu graben? Wie oft eilte ich selbst jemandem in derselben Situation zu Hilfe? Doch war es wirklich Hilfe? War es nicht vielmehr so, dass man gemeinsam schneller feststellen konnte, ob ein Mensch unter den Trümmern begraben war? Keiner von uns konnte wissen, ob sich jemand unter den Trümmern befand oder wer es war! Entstand die Kooperation nicht schon allein durch das gemeinsame Interesse? War der Grund der gegenseitigen Hilfsbereitschaft überhaupt von Bedeutung? Wichtig war, dass man meist sogar ungebeten Hilfe erhielt, egal ob von einem Singhalesen oder einem Touristen.

Kelum und John kamen wieder zu mir zurück. Ich zeigte ihnen meine Nachricht. Zufrieden nickten sie. In der Halle waren sie zum

Glück nicht fündig geworden. Da immer wieder neue Transporte mit Leichen ankamen, hätte eigentlich jemand von uns den ganzen Tag dableiben sollen. John wollte jedoch am Abend noch einmal in die Halle gehen, um nach den Freunden zu suchen.

Die Hafengegend hatten wir am Vortag schon abgesucht. Heute wollten wir in die Hospital Street und in die Church Street. Meinen Vorschlag, uns zu trennen, um effizienter suchen zu können, lehnten sowohl John als auch Kelum ab. Sie wollten mich nicht alleine losziehen lassen.

Die Angst vor jeder Leiche musste ich trotzdem unterdrücken, seltsamerweise gelang es mir auch. Wir hatten schon den halben Tag gesucht, hatten Trümmer weggeräumt, um zu sehen, ob darunter noch Menschen zu finden waren. Fast unter jedem Trümmerhaufen kamen neuerlich tote Menschen zum Vorschein. Hin und wieder hörte man Freudenschreie. Vereinzelt wurden noch Menschen ausgegraben, die noch schwache Lebenszeichen von sich gaben. Mittlerweile waren auch schon mehrere Ärzte zur Stelle. Zu diesem Zeitpunkt wusste ich nicht, woher sie kamen. Überhaupt waren an diesem Tag weitaus mehr Menschen auf den Straßen, viele waren Ausländer. Nicht wenige versuchten auch, uns von unserem Vorhaben abzubringen und nicht auf eigene Faust weiterzusuchen. Sie erklärten uns, dass man bereits begonnen hätte, die Suche zu organisieren. An allen noch stehenden Mauern fand man bereits Fotos von vermissten Personen oder auch nur Zettel mit Namen und der Bitte, sich zu melden. Kurz entschlossen holte ich mir von einem Arzt ein Blatt Papier und einen Stift und schrieb auf dem Platz vor der Groote Kerk eine Mitteilung mit dem gleichen Text wie auf der Nachricht vor dem Krankenhaus. Ein Singhalese – er hatte mich anscheinend beobachtet – kam zu mir. Er hatte einen Nagel und einen Stein in der Hand. Damit befestigte er meine Nachricht und umarmte mich mit den Worten „God bless you".

Die Hilfsbereitschaft der Bevölkerung war unübertrefflich. Sie machten keinen Unterschied, ob man Einheimischer oder Tourist war. Die Suchenden waren nur Suchende, egal welcher Nationalität.

Je weiter der Nachmittag fortschritt, desto schwächer wurde unsere Hoffnung, die Freunde zu finden. Unsere Verzweiflung wirkte auf uns wie ein Dopingmittel. Noch war ich in der Lage, meine Gemütsverfassung weder Kelum noch John zu zeigen. Ich vermutete nämlich, sie hätten mich sofort zum Auto gebracht und die Suche für diesen Tag abgebrochen. Das wollte ich nicht, also musste ich mich zusammennehmen.

Völlig ausgelaugt sank ich schließlich auf einem Trümmerhaufen zusammen. Im Gegensatz zum vorherigen Tag brannte höllischer Durst in meiner Kehle. Ich war sehr dankbar, als Kelum mir eine King-Coco-Nut brachte. Nur der Himmel weiß, wo er die wieder aufgetrieben hatte. Sogar säuberlich verpackte Trinkhalme hatte er besorgt, der Teufelskerl. Woher nur? Die Flüssigkeit belebte mich wieder etwas.

Während ich trank, kam John herbeigelaufen, ja, er rannte richtiggehend. „Anna, Anna!", rief er und drückte mir sein Handy in die Hand. Vor Aufregung konnte er kaum sprechen. Ich nahm den Apparat und meldete mich. Eine fremde, männliche Stimme fragte mich nach meinen Namen. Es war ein Arzt, der sich erkundigte, ob ich einen Mann namens Manju kennen würde. Ich war extrem nervös und fragte ihn, ob er etwas von den Freunden gehört hätte. Der Arzt teilte mir mit, dass ein Singhalese bei ihm wäre, der behauptete, der von uns gesuchte Manju zu sein. Ob ich mit ihm sprechen möchte? Was für eine Frage! Noch nervöser und ängstlicher erwartete ich die Stimme des Freundes, in der Hoffnung, dass er es auch wirklich war. Als er sich meldete, erkannte ich an der Stimme sofort, dass es Manju war. Ich fragte ihn nur, wo er denn im Augenblick sei. Er befand sich bei der Groote Kerk, nicht weit von uns entfernt. Ich bat ihn, dort zu warten, wir wären in spätestens fünfzehn Minuten dort. Ich wusste nicht, ob er alles verstanden hatte, denn die Verbindung war schon wieder zusammengebrochen.

Schnell liefen wir zur Groote Kerk hinüber. Den Weg über all die Trümmerhaufen empfand ich sehr beschwerlich, doch wir schafften es in 14 Minuten. Eine unsichtbare Macht beschleunigte unsere Schritte, ich bin heute noch dankbar dafür. Sehr viele Menschen warteten vor der Kirche, so dass es ein Kunststück war, jemanden schnell zu finden. John und Kelum riefen immer wieder nach Manju.

Manju ist in Sri Lanka ein häufiger Name, wie bei uns Peter oder Günter. Auf diese Rufe meldeten sich deshalb etliche Männer mit dem gleichen Namen. Endlich hörte ich, wie von hinten jemand meinen Namen rief. Ich drehte mich um – und Manju kam eiligst auf mich zu. In diesem Augenblick verließ mich alle Kraft. Wäre Kelum nicht hinter mir gestanden und hätte mich aufgefangen, ich wäre wahrscheinlich auf einem Trümmerhaufen gelandet. Als ich wieder zu mir kam, sah ich Manju, der sich über mich gebeugt hatte. Es dauerte noch eine Weile, bis ich wieder beisammen war. Tränen schlichen sich in meine

Augen, und ich begann, ihn mit Fragen zu überhäufen. Wo waren die anderen? Ich sah um mich – verdammt, ich konnte sonst niemanden entdecken! Fragend sah ich Manju an. Er schüttelte den Kopf. Ich wandte mein Gesicht ab, wollte meine hervorquellenden Tränen verbergen.

Manju begann gleich zu erzählen: „Wir sind zu früh aufgebrochen. Wären wir später gefahren, hätten wir Galle nicht vor der Welle erreicht. Wir waren gerade am Strand und haben beratschlagt, von welcher Seite wir die Bastionen angehen sollten, als uns die erste Welle blitzartig überfallen hat. Wir wussten in diesem Augenblick überhaupt nicht, was uns widerfuhr. Kopflos rannten wir die Straßen entlang. Da das Meer wieder ganz ruhig war, dachte jeder, die Gefahr wäre vorüber. Doch wieder völlig unvorbereitet überraschte uns eine zweite Welle. Sie war weitaus gewaltiger als die vorherige. Obwohl wir nicht unmittelbar am Strand waren, riss sie uns alle auseinander. Wir suchten uns gegenseitig, ich sah nur einmal noch kurz Regine. Doch wir trennten uns wieder. Jeder lief in eine andere Richtung, um Ireen, Kalu und Fiona zu suchen. Als Treffpunkt vereinbarten wir die Groote Kerk. Ich suche sie seither. Immer wieder kehre ich hierher zurück, um nachzusehen, ob jemand von ihnen da ist. Bis jetzt warte ich vergebens. Die folgende Welle war sogar noch stärker, wen die erfasst hatte, für den gab es kein Entrinnen. So lange ich ihre Leichen nicht finde, so lange hoffe ich, dass sie sich retten konnten."

Bei seinen Worten schäumte eine schreckliche Wut in mir auf, eine Wut auf die Natur! Ich wusste nicht wohin mit dieser Wut, also ließ ich sie an den anwesenden Freunden aus. Sie waren mir nicht böse. Es ging ihnen ähnlich wie mir – auch sie wussten nicht wohin mit ihren Gefühlen, mit der immer größer werdenden Besorgnis um die Gesuchten. Keiner wagte, etwas von seinen inneren Horrorvorstellungen und von seiner abgründigen Hoffnungslosigkeit zu erzählen. Jeder wollte die anderen schonen.

Plötzlich wollte ich alleine sein, daher bat ich die Freunde, mir Zeit zu geben, etwas Zeit für mich alleine. Wir verabredeten, uns in zwei Stunden wieder vor der Kirche zu treffen. Sie berichteten mir später, dass sie sich genauso fühlten wie ich – jeder wollte mit seinem Schmerz und seiner Angst, aber auch mit der immer wiederkehrenden Hoffnung alleine sein. Manchmal scheint die Einsamkeit ein Allheilmittel zu sein, mitunter lässt sich daraus neue Kraft schöpfen. Jeder von uns wollte unbedingt für kurze Zeit allein sein, um nicht ängstlich seine

Stimmungen und Empfindungen vor den Freunden verbergen zu müssen.

Ich wollte – und sei es auch nur für einige Augenblicke – meinen Gefühlen freien Lauf lassen können. Spürte ich doch, dass ich die Einzige war, die sich um Cathleen sorgte. Es schmerzte mich, dass sich keiner der Freunde um sie sorgte. Von welchen Eigenschaften ist die Beliebtheit einer Person wirklich abhängig?

Abermals bahnte ich mir nun einen Weg durch die gefährlichen Trümmerhaufen. Ich musste die Freunde finden! Lieber lebendig als tot, die Ungewissheit wurde mir immer unerträglicher. Wieder ging ich in die Leichenhalle. Bald fand ich mich mitten in einer Gruppe von Suchenden. Jeder schaute die Leichen, die oft völlig entstellt waren, genau an. Ich achtete darauf, ob ich etwas Bekanntes an ihnen finden konnte – ein Schmuckstück, ein Kleidungsstück ... Vergebens! Mit übermenschlicher Anstrengung unterdrückte ich den vom Gestank verursachten Brechreiz. Zum ersten Mal ließ ich den Gedanken zu, dass sie im Meer verschwunden sein könnten. Doch wie sollte ich diese Endgültigkeit meinen Gefühlen klar machen? Seltsam, dass die neuerliche Tränenflut abermals den Schmerz körperlich erträglicher machte. Tränen als schmerzlinderndes Mittel!

Ich ging zum Strand hinunter. Die aufschäumende Wut und die ausfernden Hassgefühle, die durch das Ereignis hervorgerufen worden waren, schrie ich voll Verzweiflung und mit all meiner Kraft hinaus aufs Meer! Einheimische kamen, um mich zu trösten, mich zu beruhigen, doch ich schrie sie gellend an. Sie flohen wie aufgeschreckte Rehe. Ich wollte meinen Schmerz um jeden Preis töten. Ich befand mich in einer Galerie von Wahnsinnigen, angeführt von mir selbst. Für unerträgliche seelische Zustände scheint Wahnsinn ein relativ vernünftiger Fluchtweg zu sein. Welcher normale Geist kann die vielschichtigen Ursachen des Wahnsinns ergründen?

Nachdem ich mich etwas beruhigt hatte, wankte ich zurück zur Kirche – hin- und herschwankend zwischen der Hoffnung, meine Freunde zu finden, und der Furcht, sie halb tot oder tot zu entdecken. Sehr vorwurfsvoll wurde ich bereits erwartet. Ich hatte mich um mehr als eine halbe Stunde verspätet. Eine Uhr besaß ich nicht mehr, sie war unbrauchbar geworden, nachdem mich die Welle erfasst hatte. Ich konnte mich nur auf meine Schätzung verlassen. Unter diesen extremen Umständen hatte sich mein normalerweise gutes Zeitgefühl verflüchtigt. Die in meinen Gedanken allgegenwärtige zerstörerische

Kraft der Wellen täuschte mich, und es kam mir so vor, als wären schon Ewigkeiten seit dem Eintreffen der Flutwelle vergangen. In meinem Inneren spielten sich nur mehr extreme Gegensätze ab.

Kelum hatte wieder für jeden von uns eine Kokosnuss herbeigezaubert. Ich wollte keine, doch sie zwangen mich, sie zu trinken. Ich sah sie an, alle drei hatten gerötete Augen. Es war tröstlich, mich mit meiner Pein nicht alleine zu wissen, dennoch war ich nicht in der Lage, mit den anderen darüber zu sprechen.

Für diesen Tag gaben wir die Suche auf. John wollte zurück zur sogenannten Leichenhalle. Ich gestand, dass ich bereits dort gewesen war. „Das solltest du doch nicht tun!", murrten sie.

„Es sind auch meine Freunde, meine Familie!", wehrte ich mich heftig und verzweifelt.

„Wir werden sicher nicht aufgeben! Wir müssen morgen weitersuchen! Doch heute übersteigt es unser aller Kräfte", sagte John, um mich zu beruhigen. Alle waren einverstanden. Nun waren wir bereits zu viert in Johns Van. Er fuhr wieder ein Stück hinaus aus Galle und parkte am Straßenrand. Wir versuchten erst gar nicht, ein Quartier zu finden, wir wollten nur zusammen sein und niemand anderen sehen. Alle schwiegen wir, jeder in seine Gedanken verloren, dennoch fühlte ich mich geborgen.

Wir saßen vor dem Auto auf der Wiese, als Johns Handy zu klingeln begann. Es lag im Auto. John musste es erst am Zigarettenanzünder aufladen. Als John sein Handy erreichte, hatte es aufgehört zu läuten. Entweder wurde am anderen Ende aufgelegt oder die Verbindung war wieder zusammengebrochen. Die Nummer des Anrufers wurde nicht angezeigt. John versuchte bei sich zu Hause anzurufen, ob sich etwas Neues ergeben hatte, bekam aber keine Verbindung. Ich hoffte, dass es jemand gewesen war, der etwas von den noch vermissten Freunden zu berichten wusste, und sah in die Runde. In den Augen der Freunde erkannte ich denselben Gedanken.

Manju fragte mich, warum Cathleen nicht bei uns war. Ich sagte ihm, dass sie seit der Katastrophe verschwunden war. Entgeistert sah er mich an.

„Warum denn, sie war doch nicht bei uns!" Ich verstand überhaupt nicht, was er meinte. Aber John begriff sofort, dass Manju noch nichts vom Ausmaß des Tsunami wusste. Er erklärte ihm, dass auch bei Beruwala alles zerstört war, dass wir über die Berge nach Galle fahren mussten, weil die Straßen entlang der Küste nicht mehr passierbar waren. Sogar die Uferseite des Bentota-Ganga im Bereich von Aluthgama und Bentota war nicht wiederzuerkennen. Erst jetzt erkannte Manju die ganze Tragweite des Unheils. Er hatte angenommen, dass die Flutwellen nur zwischen Hikkaduwa Galle und Matara so stark gewütet hätten und der Rest nur leicht gestreift worden wäre. Er hatte bisher keine Möglichkeit gehabt, Nachrichten zu hören, und die bereits eingetroffenen Hilfskräfte hielten sich mit Auskünften sehr bedeckt. Da erschrak er noch viel mehr: „Um Gottes Willen, das Haus meiner Familie steht direkt am Ufer des Bentota-Ganga in Aluthgama!" Er fürchtete sehr um seine Familie. Kelum konnte ihn beruhigen, das Haus hatte es zwar ziemlich arg erwischt, doch seine Familie war unversehrt geblieben. Manju fiel ein Stein vom Herzen. Es kümmerte ihn wenig, dass das Haus wahrscheinlich nicht mehr bewohnbar war – Kelum hatte sich vorsichtig ausgedrückt, denn es war in Wirklichkeit nur noch ein Schutthaufen. Manju war nur wichtig, seine Familie wohlauf zu wissen – und in dieser Hinsicht hatte Kelum ihm die volle Wahrheit gesagt.

Allmählich wurde meine psychische Müdigkeit noch stärker als meine körperliche. John hatte eine Matte im Auto. Er holte sie heraus und legte sie auf die Wiese. „Komm, leg dich hier drauf und ruh dich ein wenig aus!", forderte er mich auf.

„Was ist denn mit euch?", fragte ich. Die Männer meinten, sie brauchten keine Matte, sie wollten nur ein wenig draußen sitzen. Wenn sie sich ins Innere des Vans begäben, würden sie mich wecken. Ich gab ihnen einfach nach. Meine Erschöpfung übermannte mich, ich schlief fast augenblicklich ein. Ich schlief sogar mehr als drei Stunden. Als ich erwachte, hörte ich die Freunde leise miteinander sprechen. John sah sehr müde aus. Ich meinte, jetzt sollte er sich hinlegen. Als unser ruhender Pol müsse er seine Kräfte schonen. Er hörte auf mich und schlief, genau wie ich, sofort ein. Ich legte mich auf die Sitzbank im Wagen, einschlafen konnte ich aber nicht mehr. In meinem Kopf fuhren die Gedanken Karussell. Hoffnung und Verzweiflung kämpften miteinander. Sie drohten mich zu zerreißen. Kelum und Manju lagen inzwischen auf der Wiese und waren ebenfalls eingeschlafen.

Der Morgen nahte. Dies war nun schon der dritte Tag unserer Suchaktion, und außer Manju hatten wir niemanden gefunden. Ich setzte mich wieder ins Freie. Kelum und Manju waren schon wach. Sie sprachen leise miteinander, allerdings auf Singhalesisch. Ich konnte nur einige Wörter verstehen. Sie nahmen mich in die Mitte, als sie mich sahen, und wir begannen uns leise zu unterhalten. John wollten wir auf keinen Fall aufwecken.

Kelum und Manju versicherten mir immer wieder, dass sie davon überzeugt waren, dass wir alle lebend finden würden. Ich konnte nicht erkennen, wen sie damit beruhigen wollten – sich selbst oder mich –, und war ihnen sehr dankbar dafür, denn sie bannten so meine trüben, schwarzen Gedanken.

Von unserem Standort aus konnte man nichts von der Katastrophe erkennen, alles war friedlich. Ich dachte, wie das nur möglich sein konnte, dass nur wenige Fahrminuten entfernt alles in Trümmern lag, hunderte, wenn nicht tausende Menschen ihr Leben lassen mussten und wir uns hier in ungetrübter, friedlicher Natur ausruhten? Solange die Menschen noch in ihren Häusern schliefen, war auch nichts von Nervosität und Hektik zu spüren. Doch sobald sie herauskamen, begann wieder das Gehetze des Tages. Viele Menschen brachen ins Katastrophengebiet auf, um nach vermissten Angehörigen zu suchen oder um zu helfen, wo Hilfe notwendig war – und sie war in allen betroffenen Orten bitter nötig! Die Einwohner waren jedem Helfer zutiefst dankbar.

Auch wir fuhren wieder nach Galle. Bevor ich aus dem Auto aussteigen konnte, hielt John meine Hand fest. Er sah mich eindringlich an und bat: „Anna, bitte schraub deine Hoffnungen nicht zu hoch." Ich höre mich noch heute antworten: „Ach, John, Hoffnung ist doch das Einzige, was ich noch habe!"

Zuerst suchten wir noch einmal den Platz vor der Groote Kerk auf. Ich ging zu der Wand, an der meine Suchmeldung hing, und hoffte auf eine Nachricht. Die Anzahl der Suchmeldungen hatte noch stark zugenommen. Die Einheimischen hatten Erstaunliches geleistet: Sie hatten behelfsmäßig eine zusätzliche Holzwand aufgestellt, damit mehr Platz für die Anschläge war. Immer wieder staunte ich und freute ich mich über die Hilfsbereitschaft und das Einfühlungsvermögen dieser Menschen! In diesen Tagen hatte ich das Gefühl, dass nur der Mensch zählt – und nicht seine Herkunft!

Der Gestank voranschreitender Verwesung erfüllte alle Straßen. Er wurde immer unerträglicher. Noch immer wurden aus den Trümmerhaufen Tote geborgen.

Ich suchte an der Wand meine eigene Nachricht. John stand hinter mir. Plötzlich rief er: „Anna, schau mal, da!" Er hatte meinen Zettel gefunden. Unter meiner Nachricht stand etwas Neues: „War nicht möglich euch anzurufen! Bin um ca. 10 Uhr hier an dieser Stellwand. Kalu."

Sprachlos vor Freude sahen wir uns an. Kelum und Manju standen etwas abseits und versuchten, von den Menschen Informationen zu erhalten, ob jemand bei der Suche nach den eigenen Angehörigen verletzte Europäer gesehen hatte. Aufgeregt rief ich nach Kelum. Sofort kam er zu uns gelaufen. Wir zeigten ihm Kalus Nachricht. Manju sah ebenfalls herüber, vielleicht spürte er unsere Aufregung. Er lief auch gleich herüber. „Kalu lebt!", rief ich ihm entgegen. Vor Freude hielten wir einander ganz fest. John schaute auf die Uhr. Es war erst 8.30 Uhr. Also würde es noch eineinhalb Stunden bis zum Wiedersehen dauern.

Ich wollte nicht weg von hier, wollte nur warten. In mir wuchs nun große Hoffnung. Zuversichtlich sagte ich zu den drei Männern: „Ihr werdet sehen, wir werden alle unbeschadet wiederfinden, Cathleen wird auch wohlauf sein, wenn wir zurückkommen." Daran wollte ich felsenfest glauben!

John sah mich eindringlich an, bevor er antwortete: „Bitte, liebe Anna, steigere dich in nichts hinein, weder in etwas Positives noch in etwas Negatives. Es ist heute bereits der 29. Dezember, das heißt, es sind drei Tage seit der Flutkatastrophe vergangen! Wir müssen mit allem rechnen!"

Ich funkelte ihn an. In dem Moment empfand ich es so, als wollte er den Freunden das Leben absprechen. Das Klingeln seines Mobiltelefons unterbrach mich. John meldete sich. Gespannt blickten wir ihn an, ob wir etwas an seinem Ausdruck erkennen konnten. Vielleicht gab es wieder Neuigkeiten. Da rief John schon: „Kalu, wo bist du?" Das Gespräch dauerte nicht lange. Es wurde noch unterbrochen, bevor John ihm sagen konnte, dass wir an der Groote Kerk waren.

„Wo ist er? Ist er wohlauf?" Sofort überhäufte ich John mit Fragen.

„Er ist neben dem neuen Tor, beim Uhrturm Ecke Middle Street. Ihr habt ja gehört, ich konnte nicht mehr sagen, wo wir sind!"

„Das ist ja ganz nahe!", rief ich begeistert.

„Ja, stimmt!", sagte Kelum. Er machte dann den Vorschlag, dass wir uns trennen. Manju sollte mit mir hier vor der Groote Kerk bleiben, während er mit John zum Uhrturm laufen wollte. So konnten wir sicher sein, Kalu nicht zu verfehlen. Alle waren damit einverstanden.

„Es fehlen nur noch die drei Frauen", sagte Manju. Ich fühlte deutlich die Angst, die in seiner Stimme mitschwang. „Und Cathleen!", ergänzte ich schuldbewusst. Wir versuchten dann das Thema zu wechseln, es wollte uns aber kaum gelingen. Manju wollte sich bei mir vergewissern, ob Kelums Auskunft über seine Familie auch der Wahrheit entsprach. Ich konnte ihm nichts über seine Familie sagen, weil ich es wirklich nicht wusste. Aber ich konnte ihn beruhigen. „Manju, ich bin überzeugt, wenn Kelum das sagt, stimmt es! Er hätte dich nie belogen. Er hätte dir vielleicht gesagt, dass er es nicht weiß, aber zu sagen, sie sind wohlauf, wenn es nicht so wäre, nein, sowas macht er nicht!" Dankbar sah Manju mich an.

Ich schaute mich nun wieder um. Immer mehr Menschen waren herbeigeströmt. Plötzlich schrak ich zusammen, und an Manjus Reaktion merkte ich, dass ich aufgeschrien hatte. Aus der Richtung des New Oriental Hotel sah ich, wie sich eine Frau schleppend auf uns zu bewegte. „Manju, Manju, das ist doch Regine!" Ich eilte auf sie zu. Sie hatte mich nicht gesehen, deshalb rief ich laut: „Regine, Regine!" Endlich blickte sie auf und sah mich. Weinend fielen wir einander in die Arme. Es dauerte geraume Zeit, bis wir uns beruhigen konnten. Wir gingen zurück zur Stellwand, ich musste Regine dabei stützen. Beinahe zur gleichen Zeit wie die Männern kamen wir zur Wand zurück. Die allseitige Freude war riesig.

John bestand darauf, dass Kelum Regine und mich zum Van begleitete. Regine konnte sich kaum mehr aufrecht halten. Sie musste sich dringendst ausruhen. Er wollte zu dem Büro laufen, bei dem die Namen der bereits identifizierten Verletzten auflagen. Regine und mir wollte er die dort zusammengedrängten Menschenmassen nicht mehr zumuten. „Ihr habt schon genug gesehen, ruht euch lieber aus!", befahl er uns. Sein Tonfall sagte uns, dass er keinen Widerspruch dulden würde.

Regine und ich hingen wortwörtlich aneinander. Keine wollte die andere mehr loslassen. Wir fügten uns Johns „Befehl" sofort. Kelum blieb zu unserer Sicherheit bei uns. Trotz aller Freundlichkeit und Hilfsbereitschaft der Singhalesen offenbarte sich bei einigen doch eine menschliche Schwäche, wir begegneten vielerorts Plünderungen. Wahrscheinlich trieb manche ihr Überlebenstrieb dazu.

Beim Auto angekommen, legte sich Regine auf die Rückbank. Sie hatte ihren Kopf in meinem Schoß gebettet. „Gottlob, du bist unverletzt!", stammelte ich immer wieder.

„Du auch, ich danke dafür!", antwortete sie, „doch wie lang wird es wohl dauern, bis wir diesen Schrecken verkraftet haben?" Auch sie betäubte ihre Schmerzen mit Tränen. Ich weinte still mit ihr. Wir begannen, uns gegenseitig die Erlebnisse der letzten Tage zu erzählen.

Wir sprachen über die vielen Menschen, die wir gesehen hatten, wie sie – oft nur mit bloßen Händen – Löcher aushoben, um ihre toten Angehörigen zu begraben. Die Seuchengefahr verschärfte sich täglich. Wir alle mussten uns gegen eine drohende Ohnmacht stemmen, um den Gestank verwesenden Fleisches – bei Bewusstsein – aushalten zu können.

Die Angst, einen Vermissten niemals wiederzusehen, überhaupt nichts über sein Schicksal zu wissen, ist eine besonders grausame seelische Folter. Offenbar benötigen wir Menschen eindeutige Klarheit, um den Verlust eines Menschen eine Spur leichter ertragen zu können.

So schrecklich die Ereignisse waren, die wir uns gegenseitig erzählten, es beruhigte uns, miteinander reden zu können. Zumindest wir beide hatten einander wieder. Gemeinsam erlebtes Leid wirkt offensichtlich doch beruhigend – aber nicht schmerzlindernd.

Zwischendurch versorgte uns Kelum immer wieder mit Kokosnüssen, die wir sehr dankbar annahmen. Wir konnten nicht abschätzen, wie viel Zeit wir im Auto verbracht und wie lange wir miteinander geredet und geweint hatten, als endlich John und Kalu zu uns kamen.

John war verdächtig still. Er stieg ein und startete sofort das Auto. „Wo fahren wir hin?", fragte ich misstrauisch. Er wollte es uns nicht sagen. „Ich gehe nur einem Hinweis nach", antwortete er. Wir fuhren durch die wenigen passierbaren Straßen in Galle, bis wir zu einem Lager kamen. Viele Ärzte und Schwestern schwirrten dort umher. Wir befanden uns in einem medizinischen Notlager. Gottlob ist medizinisches Fachpersonal verpflichtet, keiner Ohnmacht nachzugeben. Wir stiegen aus. John sprach mit einem Mann in Uniform. Ich vermutete, dass er zur Armee gehörte. Unzählige Blätter Papier sahen sie durch, bis sie plötzlich innehielten. Wir standen etwas abseits. Unbemerkt von uns allen hatte John die Führung übernommen. Er hatte den kühlsten Kopf, konnte sich am besten beherrschen. Er winkte uns jetzt zu sich. Alle gemeinsam gingen wir durch die Reihen. Links und rechts standen überall Feldbetten. So stellte ich mir ein Lazarett im Krieg vor. Es könnte nicht schlimmer sein. Endlich stoppte John. Wir standen vor einem Bett. Mein Herz hüpfte vor Freude und blieb gleichzeitig fast stehen vor Schreck. Da lag Fiona! Sie war in einem fürchterlichen Zustand – mehrere Knochenbrüche, voller Blutergüsse – aber sie lebte!

Auch sie hatte schon jegliche Hoffnung aufgegeben, einen von uns je wiederzusehen. „Jetzt fehlt nur noch Ireen!", sagte Regine. Und

Cathleen, dachte ich, ohne es auszusprechen. Stattdessen sagte ich hoffnungsvoll: „Wir werden sie auch noch finden."

Der Arzt und eine Schwester halfen John und Kalu, Fiona zum Auto zu bringen. Wir richteten schnell auf der hintersten Sitzbank eine Art Notbett ein. Gut, dass John mit dem Van gefahren war. Ich wunderte mich, dass wir Fiona in diesem Zustand mitnehmen durften. John hatte allerdings versprochen, Fiona „zu Hause" sofort zu einem Arzt zu bringen. Wir hatten den Eindruck, dass die Ärzte froh waren, ein freies Krankenbett zu bekommen. Es gab noch viel schwerer Verletzte als Fiona. Jeder Einzelne hatte mein Mitgefühl, trotzdem war ich unsagbar glücklich, dass Fiona halbwegs glimpflich davongekommen war. Nach dem ersten Augenschein nahmen wir an, dass sie keine bleibenden physischen Schäden davontragen würde. An die psychischen Schäden dachte zu diesem Zeitpunkt noch niemand.

Ich hatte den Eindruck, dass Fiona noch gar nicht richtig wahrgenommen hatte, was ihr widerfahren war. Wurde ihr überhaupt bewusst, dass wir hier bei ihr waren und sie aus dem Lager herausholten?

Es verging geraume Zeit, bevor sie die ersten Wörter von sich gab. „Ihr seid es ja wirklich, ich habe also nicht geträumt!" Die Tränen kullerten ihr dabei über die Wangen – und uns natürlich auch. Diesmal waren es Tränen der Freude; wieder eine Person mehr, die wir zurückhatten. Schon bald darauf kam die von uns gefürchtete Frage nach ihrer Schwester Ireen. Ireen und Fiona waren ja wirklich Schwestern. Ich wusste, wir durften sie nicht belügen, daher sagte ich so schonend wie möglich, dass wir Ireen noch nicht gefunden hatten. John griff sofort ein und berichtete, er hätte die Information erhalten, eine Frau mit einem ähnlichen Namen sei in einem Lager bei Hikkaduwa.

„Was heißt ‚mit einem ähnlichen Namen'?", fragte ich irritiert.

„Na, wenn du gesehen hättest, unter welchem Namen Fiona registriert war. Man brauchte schon einige Fantasie, um einen Zusammenhang mit ihrem richtigen Namen herzustellen. Ihr Name wurde offensichtlich von einem Armeebeamten aufgenommen, der nicht sonderlich gut über die englische Schreibweise Bescheid wusste", antwortete er lakonisch.

Fiona war verzweifelt. Sie glaubte nicht daran, dass Ireen noch am Leben war. Wie sollte sie auch nach Hikkaduwa kommen? Wir beruhigten sie. Hatten wir nicht auch Fiona erst am dritten Tag gefunden? Von den zermürbenden Aufregungen der letzten drei Tage erzählten wir ihr vorerst aber nichts. Wir wollten sie unbedingt schonen. Es war aber sehr seltsam – sie fragte überhaupt nichts. Sie hielt nur Regine und mich an den Händen. Immer wieder flüsterte sie: „Bitte, lasst mich nicht allein!"

Es fiel mir in Wirklichkeit schwer, zuversichtlich zu sein. Wie Regine konnte auch ich mir nicht erklären, warum Ireen etliche Kilometer weit entfernt sein sollte. Die Hoffnungslosigkeit kehrte zu mir zurück. Ich musste sie aber vor Fiona verbergen, und das gelang mir auch. Ein Blick auf Regine zeigte mir allerdings deren eigene Hoffnungslosigkeit. Ich wusste, sie fühlte wie ich. Beide dachten wir in diesem Moment – spätere Gespräche bestätigten uns dies –, nun hätten wir nur noch uns! Gleichzeitig griff jede nach der freien Hand der anderen, und wir sahen einander verzweifelt in die Augen.

Eine eigenartige Stimmung herrschte zwischen uns allen. Weder die Männer noch wir Frauen sprachen viel. Jeder von uns bekämpfte seine Angst vor der befürchteten Enttäuschung, Ireen in diesem Krankenlager nicht vorzufinden. Es war zu unwahrscheinlich. Die Gegend, durch die wir fuhren, trug nicht dazu bei, unsere Stimmung zu heben. Überall Ruinen, entwurzelte Palmen, Schutthaufen, Boote an den unmöglichsten Stellen, ineinander verkeilte Autos – nicht nur PKWs, nein, auch LKWs und Busse. Wohin wir blickten – totale Verwüstung. Von Beruwala bis nach Matara herrschte entlang der Küste geradezu cineastisch inszenierte Zerstörung. Es war uns schier unmöglich, sie als Tatsache hinzunehmen. Angesichts dieser Erlebnisse erstaunt es mich außerordentlich, dass Naturkatastrophen in Filmen das Publikum derartig begeistern und den Produzenten zig Millionen Dollar Gewinne einspielen. Wie dringend würden die Einwohner der betroffenen Länder diese Dollars benötigen. Die Produzenten würden vielleicht Unsterblichkeit erlangen, wenn sie mit den Profiten derartiger Filme einen Fond für die Opfer von Naturkatastrophen gründeten. Oft müssen erst tatsächlich spürbare Naturgewalten über eine Bevölkerung hereinbrechen, um auf ihre Armut aufmerksam zu machen. Nicht wenige Künstler sind Experten darin, sich durch Benefizveranstaltungen noch beliebter zu machen. Trotzdem ist es gut, wenn sie mit ihrer Popularität und ihrem Einsatz der guten Sachen nützen. Doch wie sieht es mit den heutigen Regierungen aus? Wie viele Mittel fließen in die Rüstung, wie viele in die Umwelt? Das aus ausgebeuteter Erde erworbene Kapital wird ausschließlich in sündhaft teure Aufrüstung gepumpt. Was aber will man verteidigen, wenn die Natur sich rächt? Gegen wen will man dann Krieg führen? Gegen die Natur? Wovor sollte sich der Mensch mehr ängstigen: vor der Naturgewalt oder vor der von Menschen vergewaltigten Natur?

Wie es von Beruwala aus in Richtung Colombo aussah, wussten wir nicht, doch wir erwarteten auch nicht, dass es dort weniger Beschädigungen geben würde.

An manchen Stellen begannen schon die Aufräumarbeiten. Hin und wieder sah eine Straße schon ganz manierlich aus, der Schutt war größtenteils von der Fahrbahn entfernt worden, doch die Straßen waren links und rechts von zertrümmerten Häusern gesäumt. Manche waren ganz verschwunden, teilweise standen die Fundamente noch. Man konnte nicht sagen, welchen Ort es mehr getroffen hatte, entlang der Küste sah es überall nahezu gleich aus – etwa wie nach einem Bombenangriff.

Einige Gebäude hatten der Kraft des Wassers augenscheinlich standgehalten, zum Beispiel die Bank of Ceylon in Hikkaduwa. Sie hatte zwar ihre Pforten geschlossen, doch das Gebäude sah von außen gar nicht so schlecht aus. Hat sogar die Welle Respekt vor der Macht des Geldes gehabt?

Auf den Straßen schnappten wir die ersten Meldungen von anlaufenden Spendenaktionen auf. Es waren zu diesem Zeitpunkt ausschließlich private Initiativen, die Touristen ins Leben gerufen hatten. Wir waren uns einig, dass auch die Regierungen vieler Länder Gelder zum Wiederaufbau zur Verfügung stellen sollten. Würden diese Gelder jedoch auch für die tatsächlich Bedürftigen verwendet werden? Wir hatten daran leider unsere Zweifel. Zu viele Regierungsmitglieder sind erstklassige Schüler in kapitalistischer Korruption.

Endlich erreichten wir die Krankenstation bei Hikkaduwa. Ich verließ mit John das Auto. Die anderen leisteten Fiona Gesellschaft. John wollte, dass auch ich bei ihnen bliebe, doch keine Macht der Welt hätte mich daran hindern können, mit ihm zu gehen. Ich wollte unbedingt wissen, ob Ireen hier war oder ob man etwas über ihren Verbleib wusste. Hier waren schon sehr viele europäische Ärzte tätig, auch deutsch sprechende. Wir brachten unser Anliegen vor. Wieder wurden etliche Listen durchgesehen. Ich unterhielt mich mittlerweile mit einem deutschen Arzt und konnte die Spannung, ob man bei Ireens Namen fündig werden würde, fast nicht mehr ertragen. Der Arzt wirkte beruhigend auf mich ein. Er fragte mich gleich, ob ich genügend Flüssigkeit zu mir nehmen würde. Seine Frage, wie viel ich in den letzten Tagen getrunken hatte, konnte ich nicht befriedigend beantworten. Sofort brachte er mir eine Flasche Wasser und wies mich an, sie in kleinen Schlucken zu trinken. Er maß meinen Blutdruck. „Bedenklich niedrig", stellte er gerade in dem Moment fest, als John mit einem englisch sprechenden Arzt zu uns kam. Mir war es vollkommen einerlei, wie hoch oder wie niedrig mein Blutdruck war, einzig die Frage nach Ireen war für mich von Bedeutung. Bange blickte ich in Johns Augen. Er sah mich beruhigend an. „Ireen war wirklich hier!", sagte er zu mir. Panik erfasste mich. Was bedeutete „war"? Ich war einer Ohnmacht nahe. Sofort stützte mich einer der Ärzte.

„Beruhige dich!", sagte John eindringlich, „Ireen lebt!"

„Wo ist sie denn?", begann ich wie von Sinnen zu jammern. Ich war am Ende meiner Kräfte, meine Nerven versagten nun endgültig. Alle rundum versuchten, beruhigend auf mich einzuwirken. Keiner von uns bemerkte, dass in der Zwischenzeit Regine nachgekommen war. Als sie mich in diesem Zustand sah, dachte sie, dass unsere Freundin tot wäre. Der arme John war nun restlos überfordert, er musste uns beide zugleich beruhigen. Es dauerte einige Zeit, bis uns die Ärzte und John verständlich machen konnten, dass Ireen zwar schwer verletzt war, aber noch lebte. Sie war mit einem Hubschrauber nach Colombo in ein Krankenhaus geflogen worden, weil sie ein Intensivbett benötigte. Ich kann nicht beschreiben, was in diesen Augenblicken in mir vorging. Hoffnung und Verzweiflung prallten wiederholt aufeinander. Ich wollte nicht zurück zu Fiona, weil ich nicht stark genug war, ihr Zuversicht vorzutäuschen. Der deutsche Arzt kümmerte sich in meinem Kummer ganz vorbildlich um mich. Beinahe bekam ich ein schlechtes Gewissen, weil doch so viele Verletzte auf ärztliche Versorgung warteten, und immer kamen noch neue hinzu.

Zum ersten Mal begann ich, auch über meine Sorge um Cathleen zu sprechen, und über meine Schuldgefühle. Es half mir auch nicht, dass der Arzt erklärte, dass in so einer Situation jeder unter Schock steht, jeder anders reagiert und man daher nie und nimmer von einer Schuld sprechen kann. Langsam versiegten aber meine Tränen, und ich beruhigte mich etwas. Ich atmete tief durch und sagte schließlich: „Ich darf mir nichts anmerken lassen, Fiona muss erst einmal zu Kräften kommen."

John hatte mittlerweile mit dem Krankenhaus in Colombo telefoniert. Seine Beherrschung und Klugheit erstaunte mich immer wieder. Außerdem kam uns der Zufall ein paar Mal zu Hilfe. John kannte nämlich den ärztlichen Leiter dieser Klinik. Von ihm erfuhr er, dass Ireen schwer verletzt war, auch ihre Lunge war arg in Mitleidenschaft gezogen, ihr Zustand jedoch stabil. Die Sorge um die Freundin nagte immer noch an Regine und mir, dennoch wurden wir ruhiger.

Einer der Ärzte begleitete uns zum Wagen. Er sah noch einmal kurz nach Fiona und gab uns zur Sicherheit auch Medikamente mit – man wusste doch nicht, ob wir sie zu Hause bei John bekommen konnten.

Die Telefonverbindungen funktionierten nun schon wieder öfter. Es gelang mir an diesem Tag auch, in Österreich anzurufen. Von meiner Tochter erfuhr ich, dass sie mich als vermisst gemeldet hatte. Daraufhin versuchte ich, die Fluglinie zu erreichen. Ich meldete dort, dass ich unverletzt war, und bat, dies den zuständigen Behörden mitzuteilen und mich von der Vermisstenliste zu streichen.

Dann fuhren wir zu Johns Haus zurück. Regine hatte noch immer nicht erfahren, dass Thailand ebenfalls von der Flutwelle betroffen war. Immer wieder sagte sie erleichtert, wie froh sie sei, dass ihr Sohn während des Desasters nicht in Sri Lanka war. Kelum, John und ich sahen einander dabei traurig an, keiner brachte es fertig, ihr die Wahrheit zu sagen. Wie richtig das gewesen war, sollten wir erst in Aluthgama feststellen.

John bat Regine, zuallererst zu seinem Haus fahren zu dürfen, um Fiona zu versorgen, bevor er sie zu ihrem Gästehaus brachte. Ich war mir sicher, dass er das Unausbleibliche so lange wie möglich hinausschieben wollte. Unglücklich, doch aus Rücksicht auf die Verletzte gab sich Regine damit zufrieden. Klugerweise behielt ich für mich, dass ich in jedem Fall mit ihr gehen würde. Erstens wollte ich nicht, dass Regine alleine war, wenn sie ihr Gästehaus beziehungsweise das, was davon noch übrig war, sah, zweitens wollte ich in Erfahrung bringen, was man über den Verbleib von Cathleen wusste.

Mürbe und vollkommen ausgepumpt kamen wir am frühen Abend in Johns Haus an. Wir versorgten Fiona, und John gab Anweisungen, dass sein Personal versuchen sollte, einen Arzt zu erreichen, und veranlasste, dass immer jemand bei Fiona blieb. Kalu wollte sich auch um Fiona kümmern. Manju musste nach seiner Familie sehen, Kelum ebenfalls, ihn belastete auch die Ungewissheit um seinen Bruder. Und ich ... nun, keine zehn Pferde hätten mich daran hindern können, mit Regine nach Hause zu gehen. Bevor wir nach Aluthgama fuhren, sah John noch nach den Frauen und Kindern, die er in seinem Hause beherbergte. Er konnte feststellen, dass es ihnen an nichts fehlte, zumindest an nichts, dass er ihnen hätte geben können.

Regine wurde noch bleicher, als wir zu ihrem Haus kamen. Anfangs war sie sprachlos. Erschüttert sah sie sich um. Fernando kam freudig

auf sie zugeeilt. „Madam, Madam!", rief er strahlend, „Michael hat aus Thailand angerufen, schon gestern Abend. Es ist ihm nichts geschehen, es geht ihm gut, mit der erstmöglichen Maschine kommt er zurück!" Ich bildete mir ein, den von meinem Herzen plumpsenden Stein zu hören. Doch Regine verstand gar nicht, was los war. „Was heißt, es ist ihm nichts geschehen?"
„Aber Madam!" Fragend schaute Fernando sie an. „In Thailand war es ebenso schlimm wie in Sri Lanka!"
„Was?", schrie Regine, „und ihr habt mir nichts gesagt?" Bevor ich etwas erwidern konnte, ergriff John das Wort: „Nein, haben wir nicht, und das war auch gut so. Was hättest du getan, wenn du es gewusst hättest? Michael ist nichts passiert, sei doch froh!" Er sagte dies fast scharf, aber es war genau richtig. Die arme Regine war nahe daran, noch nachträglich in Panik zu verfallen. Jedenfalls war ihr das Haus jetzt nicht mehr wichtig, sie war heilfroh, dass ihr Sohn unversehrt war. Unsere – von Angst bestimmte – Entscheidung, ihr nichts zu sagen, war ganz richtig gewesen, auch wenn wir nicht wissen konnten, wie es kommen würde. Wir hatten unbeschreibliches Glück gehabt.

Regines Leute hatte kurz zuvor mit den Aufräumungsarbeiten begonnen. Sie hatten in den letzten Tagen erstaunlich viel geleistet. Erstaunlich deshalb, weil alles sehr langsam vor sich geht, wenn man den Menschen beim Arbeiten zusieht. Ich konnte beobachten, dass sie ihr Arbeitstempo dem vorherrschenden Klima angepasst hatten. Trotzdem ging alles zügig voran. Für uns Europäer ist das etwas schwer verständlich, wir kommen eben aus gänzlich unterschiedlichen Kulturkreisen. Meine Freunde und ich haben es jedenfalls bewerkstelligt, uns der Kultur der Singhalesen anzupassen, wenn wir uns in deren Land aufhalten, und fühlen uns immer sehr wohl dabei.
Ich sah, dass Regine relativ ruhig war, der Schock über den Zustand ihres Hauses war geringer, als ich erwartet hatte. Ich befürchtete jedoch, dass ihr Zusammenbruch noch kommen würde. Im Moment waren die schrecklichen Erlebnisse der letzten Tage in uns allen noch so gegenwärtig, dass uns der Verlust von Materiellem höchst lächerlich vorkam.

Wir gingen am Wasser. Es zeigte sich uns von seiner friedfertigsten Seite, als wäre es nie in Aufruhr gewesen, als hätten wir das Erlebte nur geträumt. Alle Hoffnungen, aus diesem Albtraum zu erwachen, hatten wir jedoch längst begraben. Wir hatten begriffen, dass alle

Geschehene schmerzlich spürbare Tatsache war – obwohl natürlich in der Gedankenwelt „traumverbundener" Naturvölker Träume ihren eigenen Wahrheitsgehalt haben und zumindest berührbar zu sein scheinen. Wahrscheinlich hat die Traumforschung ihre allerletzten Tiefen noch nicht ausgeschöpft. Der Stoff, aus dem unsere Träume sind, sei er auch noch so hauchdünn, muss deshalb doch irgendwie berührbar sein. Warum waren meine Nerven wohl sonst während des Hinflugs derart überreizt, dass das Gefühl, unbedingt aussteigen zu müssen, meiner aufgewühlten Fantasie tatsächliches Handeln aufzwingen wollte?

Jetzt, nachdem ich nicht mehr allein war und meine Freundinnen wieder lebend zurückhatte, wurde mit einem Mal alles etwas erträglicher. Wäre nicht die Angst um Cathleen und mein Schuldgefühl gewesen, hätte vielleicht sogar ein Glücksgefühl über unser Überleben aufkommen können.

Es begann, wie immer wieder in den letzten Tagen, leicht zu regnen. Uns kam es so vor, als würde der Himmel weinen. Es war ein eigenartiger Regen, so plötzlich, wie er kam, verschwand er auch wieder. Die übrige Zeit war es erdrückend heiß.

Alle lobten Regines Leute für ihre Leistungen während der letzten Tage. Fernandos Frau hatte in ihrem Haus – die Familie war gottlob unbeschadet davongekommen – für alle, die an den Aufräumarbeiten bei Regine beteiligt waren, Reis und Curry zubereitet. Auch die Mönche waren täglich unterwegs, um die Bevölkerung mit Reis und Wasser zu versorgen. Vor dem Verzehr von Fisch und Meerestieren warnten die Behörden eindringlich, angeblich waren sie verseucht. Sonst war an diesen Tagen kaum etwas Essbares zu bekommen. Dennoch: Angst, verhungern zu müssen, hatten wir alle nicht. Gerüchte kamen auf, dass man am nächsten Tag bei Nebula, einem Kaufhaus in Aluthgama, in dem man normalerweise sogar europäische Lebensmittel kaufen konnte, bereits wieder Reis erhalten würde. Wir sahen der Aussicht gelassen entgegen.

Am nächsten Morgen wollten wir sofort nach Colombo fahren. Inzwischen hatten wir schon die Auskunft erhalten, dass die Stadt Colombo weitgehend von der Katastrophe verschont geblieben war und man fast alles kaufen konnte. „Wenn ich Ireen sehen und mich überzeugen kann, dass ihr Leben wirklich nicht mehr in Gefahr ist, dann sind wir mit einem blauen Auge davongekommen", flüsterte mir Regine zu. Ich konnte ihr nur beipflichten, ich empfand genauso.

„Kann ich dich mit John ein wenig allein lassen? Ich möchte mich nach Cathleen erkundigen, und nach Kelums Familie möchte ich auch kurz sehen", bat ich Regine.

„Geh nur, bleib aber nicht zu lange weg!" Sie lächelte sogar ein wenig bei diesen Worten.

Zuerst ging ich zum Haus von Kelums Familie – beziehungsweise zu dem, was davon noch übrig war. Es stand nur zwei Häuser von Regines Gästehaus entfernt. Kelums Eltern begrüßten mich erfreut. Auch sie waren wegen ihres Hab und Guts betrübt, doch das Glücksgefühl, alle unverletzt zu wissen, überwog bei Weitem. Auch der vermisste Sohn war während unserer Abwesenheit unversehrt zurückgekommen. Tagsüber versuchten sie, so weit wie möglich Ordnung zu schaffen. Das Haus war übel zugerichtet, doch mit viel Arbeit würde es sich wieder in Ordnung bringen lassen, sofern es nicht zu sehr unterspült war und das Fundament hielt. Die Chancen standen also nicht so schlecht. Die Nächte verbrachte die Familie im Tempel. Während dieser Krise leisteten die Mönche wirklich Übermenschliches für die Bevölkerung.

Ich bat Kelum, mich bei meiner Suche nach Cathleen zu begleiten, und verabschiedete mich von seiner Familie. Wir gingen die River Road entlang. Jeden, der uns begegnete, fragten wir nach Cathleen. Keiner konnte uns etwas berichten, bis wir endlich auf Anil trafen. Im ersten Moment hatte ich das Gefühl, er würde erschrecken, als er mich sah. Rückblickend denke ich, er erschrak wirklich. Sofort fragte ich ihn nach Cathleen. Er wich mit Gegenfragen nach Manju, Kalu, Ireen, Regine und Fiona aus. Wir berichteten ihm über alle. Doch ich ließ nicht locker, ich spürte, dass er etwas wusste … Nach einer Weile sagte er mir schließlich doch die Wahrheit: „Anna, es tut mir leid, aber Cathleen …"

„Nein, bitte nicht!", flehte ich ihn an. Ohne dass er es aussprechen musste, spürte ich es mit jeder Faser meines Körpers, dass sie tot war.

„Doch, Anna. Cathleen ist leider tot!" Er flüsterte diese Worte beinahe. Bestürzt sah ich ihn an. Ich fühlte mich wie in einem schlechten Film gefangen. Begriff ich überhaupt, was er sagte?

„Sie ist ertrunken, daran bin ich schuld!", klagte ich, ohne zu überlegen.

Anil schüttelte mich. „Wie kommst du denn darauf?"

„Ich hätte sie nicht zurücklassen dürfen", flüsterte ich, „dann wäre sie genau wie ich dem Wasser entkommen!"

Anil wurde jetzt richtiggehend böse. „Erstens ist sie nicht ertrunken, sie wurde von einem Boot der Wassersportschule erschlagen, das durch die Straße gefegt wurde, zweitens bist auch du nur mit knapper

Not dem Tod entronnen, wer sagt dir, dass sie neben dir nicht dasselbe Schicksal erlitten hätte?"
Daran sieht man, dass das Schicksal dem Lebenslauf nur eine Einschienenbahn zubilligt. Nur in unseren Tag- und Nachtträumen können wir verschiedene Lebenswege gehen, darüber spekulieren, welche Wege die fruchtbringendsten sind. Im alltäglichen Leben allerdings fehlt uns stets die Zeit dafür, unsere Schachzüge klügstens vorauszuberechnen und unsere Ahnungen angemessen zu deuten.

Kelum legte seinen Arm um mich, Anil sprach auf mich ein. Seine Worte gingen an mir vorbei, ohne dass ich sie aufnahm. Ich weiß auch heute noch nicht, was er alles zu mir sagte. Ich war innerlich tot, zeigte keinerlei Reaktionen, stand nur still da. Ich sagte kein Wort, weinte ohne Tränen. Ich weiß nicht, wie lange ich regungslos und still dastand. Ich merkte nicht einmal, wie Kelum wegging, um John zu holen. Er wusste nicht mehr, was er tun sollte. Ich war geistig weggetreten. Erst als John mich schüttelte, nahm ich meine Umgebung wieder wahr. Dennoch: Ich hatte mich in diesem Moment selbst verloren, ich war nicht mehr ich selbst.

„John, ich muss Cathleens Tochter Sabrina anrufen. Wir müssen sie verständigen." Es waren meine ersten Worte seit der schrecklichen Nachricht. Ich hörte zwar mich sprechen, doch ich hörte mich aus sehr weiter Entfernung, nahm meine Umgebung nur schemenhaft wahr. In mir liefen völlig andere Bilder ab, Bilder, die überhaupt nichts mit der Realität zu tun hatten, wie mir schien. Ich sah Cathleen und mich gemeinsam im Flugzeug sitzen, auf dem Rückflug nach Wien. Es spielte sich alles ab wie geplant, wir saßen nebeneinander, sprachen über die erlebten Ereignisse. Ich rügte Cathleen wegen ihres Leichtsinns, sich noch schminken zu wollen, bevor sie die Flucht vor der Naturgewalt der Wellen ergriff. Ich sah uns in Schwechat das Flugzeug verlassen, sah uns, wie geplant, zwei Tage in Wien verbringen, wie wir durch die Innenstadt spazierten. Ich sah, wie ich sie nach zwei Tagen wieder zum Flughafen begleitete, sah, wie sie durch die Passkontrolle verschwand, wie sie ihren Weiterflug in die USA antrat.

Ich war zweigeteilt. Die eine Hälfte erkannte das Geschehene als real an, die zweite Hälfte wollte es nicht wahrhaben und flüchtete sich in Fantasien.

Anil bat mich, mit ihm zu den Behörden zu fahren, um alles Notwendige zu veranlassen. Zwei Tage später sagten mir die Freunde, ich hätte sie wie in Trance angesehen. Ich fuhr mit ihm und John zur Polizeistation. Dort fragte man mich nach meiner Beziehung zu Cathleen. Statt zu antworten fragte ich, wo sie denn sei, man solle sie doch holen. Sie könne doch auch mit uns bei John unterschlüpfen.

Die Polizisten sahen einander fragend an, sie waren doch überzeugt davon, dass man mich bereits von Cathleens Tod unterrichtet hätte. Das hatte man ja auch, doch einen Moment lang wusste ich, dass sie tot war, im nächsten Moment lebte sie für mich noch. John nahm mich an der Hand und führte mich hinaus. Es gelang ihm, mir im Gespräch den Namen und die Adresse von Cathleens Tochter zu entlocken. Wir gingen wieder hinein, John gab den Polizeibeamten die notwendigen Informationen und führte mich mit besorgtem Blick hinaus.

Als wir wieder bei Regine ankamen, wurden wir von ihr und Kelum sehnsüchtigst erwartet. Wir fuhren zurück zu Johns Haus. Seit wir die Polizeistation verlassen hatten, hatte ich noch kein Wort gesprochen. Ich beantwortete keine Fragen, nichts. Meine Freunde behaupteten, dass dieser Zustand anhielt, bis wir zum ersten Mal Ireen in ihrem Spitalsbett vor uns hatten. Dann endlich löste sich die Spannung in mir.

Ein unbeschreibliches Gefühl der Erleichterung durchströmte mich, als ich sah, dass Ireen ansprechbar war, als ich sie endlich flüstern hörte: „Regine, Anna!" Nun wusste ich, dass alles wieder gut werden würde, die für mich wichtigsten Menschen waren mir geblieben. Der Tsunami hatte mir die „Familie meines Herzens" gelassen. Alles andere stand in diesem Moment nicht mehr im Vordergrund. Zusammen würden wir es schaffen, alle unsere Erlebnisse zu verarbeiten. Wir würden wieder in die Zukunft blicken können, uns darüber freuen, dass wir überlebt hatten. Ich hoffte, dass es uns gelingen würde, zukünftig mit unserem Leben sorgsamer umzugehen und seine Vielschichtigkeit neu zu überdenken. Ich nahm mir vor, mir mehr Zeit für mich zu nehmen, bewusster zu leben und mich nicht mehr, wie so oft, in Banalitäten und Nichtigkeiten zu verlieren.

Dankbar umarmte ich Ireen. Vor lauter Rührung konnte ich kaum sprechen. Regine erzählte Ireen selig, dass wir auch ihre Schwester Fiona gefunden hatten, sie war auf dem Weg der Besserung. Wir berichteten, dass Fiona viele Prellungen und einige Knochenbrüche erlitten hatte, jedoch nichts, was nicht wieder heilen würde. Erleichtert nahm Ireen unsere Mitteilung auf. In ihre matten Augen schlich sich sogar wieder etwas Glanz. Die Freude darüber, dass keinem von uns

Schlimmeres widerfahren war, zeigte sich in ihren Augen. Sie sprach sehr leise – sie war noch sehr schwach und erschöpft, aber außer Lebensgefahr. Darüber waren wir alle sehr glücklich. Lange durften wir aber nicht bleiben, die Ärzte baten uns, bald zu gehen.

Nachdem wir das Krankenhaus verlassen hatten, fuhren wir noch zu einem Kaufhaus. John kaufte sehr viele Gaskocher samt Gasflaschen, Handtücher, Seife, Zahnbürsten und Decken. Wir waren mit seinem Bus unterwegs. Er stopfte ihn regelrecht mit Waren voll. Die Decken packten wir auf unserem Schoß, wir brachten sie auf der Ladefläche nicht mehr unter. Zehn Säcke Reis waren auch dabei. Er wollte sich nicht darauf verlassen, dass es in seinem Heimatdorf Reis zu kaufen gab. Er würde auch schnell wieder ausverkauft sein. Die Leute aßen nur Reis – sofern dieser erhältlich war. Die Behörden warnten immer noch davor, Fische zu essen, angeblich seien sie verseucht. Keiner traute sich deshalb, frisch gefangenen Fisch zu verzehren. Alle hatten Angst davor.

Als wir wieder in Aluthgama ankamen, verteilte John die zuvor im Kaufhaus erworbenen Sachen. Er tat für die Bevölkerung in dieser Region wirklich alles, was im Bereich seiner finanziellen Möglichkeiten stand. Doch man wusste kaum, wo man anfangen sollte. Zu viele Menschen hatten alles verloren.

Freitag, 31. Dezember 2004

Es war der 31. Dezember und herrliches Wetter, wenngleich es jeden Tag zwischendurch immer wieder regnete. Der Regen war gut, er half, den Schlamm zu beseitigen. Wir fuhren zu Regines Haus. Ein Zimmer hatte das Personal zumindest so weit hergerichtet, dass man sich darin aufhalten und hinsetzen konnte. Kelum, Kalu, John, Regine, Manju und ich gingen zum Wasser. Eine leichte, angenehme Brise kam vom Meer auf uns zu, sie belebte uns sehr, wir spürten wieder beginnenden Lebensmut in uns. Es schien, als wollte uns Gott, Buddha, Allah – oder wer sonst für diesen Tsunami verantwortlich war – friedlich stimmen. Regine ballte eine Faust und schrie gen Himmel: „Keine Chance, nie werden wir dir das vergeben! Niemals werde ich aufgeben! Ich gebe mich nicht geschlagen! Ich werde alles wieder aufbauen! Schöner denn je!" Sie schrie all ihre Wut aus sich heraus, dann brach sie in Tränen aus. „Es hat eben seinen Preis, im Paradies zu leben", flüsterte sie mit vom Schreien entkräfteter Stimme.

Als hätte jemand unsere Hände geführt, hielten wir uns plötzlich alle aneinander fest, wir waren eine Familie! Eine Familie, in der wir uns bedingungslos geborgen fühlen konnten, in der wir mit all unseren Fehlern und Stärken angenommen wurden, in der wir geliebt wurden, so wie wir nun einmal waren. Wir drei Frauen hatten uns schon immer als Familie gefühlt, und diese Naturgewalt ließ unsere Familie noch wachsen. Keiner von uns würde sich jemals wieder als ungeliebter Gast zu unerwünschter Stunde fühlen – oder einsam sein. Wie viele Freunde kann man nach Mitternacht noch anrufen, kurz bevor man vor Verzweiflung von einer Brüstung springt? Wir drei „Musketierinnen" waren von jeher rund um die Uhr füreinander da, nun sind einige wenige Musketiere dazugekommen. Ich schätze diese Freundschaften mehr und mehr, zumal echte Freundschaft heutzutage ein unerschwinglicher Luxus zu sein scheint.

Alle zusammen fuhren wir wieder zu Johns Haus. John lud auch Regines Leute für den Silvesterabend ein. Regines Sohn sollte heute noch in Colombo landen. John wollte ihm einen Fahrer schicken, um ihn abzuholen. Auf dem Rückweg wollten sie auch Regines Personal mitnehmen, um alle zusammen bei John das Jahr still zu verabschieden. Nach „Feiern" war keinem von uns zumute. Wir wollten einfach nur zusammen sein, und wir wollten auch Fiona in unserer Mitte haben, sie war ja ans Haus gebunden.

Bei John angekommen, nahmen er und Regine mich zur Seite. Wir saßen am Pool und tranken ein Glas Arrak. Beide versuchten, mir gut zuzureden. Sie versuchten mir zu erklären, dass mich keinerlei Schuld an Cathleens Tod traf. Sie war eine Frau von 55 Jahren. Erwachsen, für sich selbst verantwortlich. Regine beschwor mich: „Du weißt genau wie ich, dass Cathleen seit ihrer höchst dramatischen Trennung ... eine ‚leibhaftig gute Person' geworden ist. Oft genug hat sie es uns ja unter die Nase gerieben! Dass sie nicht mitkommen wollte, war gewiss Trotz. Du hättest diese große Dame auf den Knien bitten müssen!"

Mein Verstand sagte mir, dass sie wohl recht hatten mit allem, was sie vorbrachten. Dennoch: Wenn ich mich frage, wie ich wohl gehandelt hätte, wenn Regine oder Ireen vor mir gestanden wären, dann weiß ich, dass ich ohne sie nie gegangen wäre. Ich empfinde meine Schuld deutlich. Dieses Gefühl konnte mir bis heute niemand nehmen. Insgeheim muss ich mir wohl eingestehen, dass ich in dieser Situation unbewusst eine Rangliste meiner Freunde festlegte.

Als alle Gäste an diesem Abend versammelt waren, bereitete John das Abendessen zu. Es war zwar kein feudales Silvesterdiner, trotzdem hat mir nie mehr etwas so ausgezeichnet geschmeckt wie dieses Essen. Still geleiteten wir das verrinnende Jahr in das neue hinein. Wir hofften, dass es besser enden würde als das Jahr 2004.

Als es endlich 24 Uhr war, hatten wir einige verstohlene Tränen in den Augen. Wir wünschten einander, dass wir die Geschehnisse der letzten Tage irgendwann einmal verarbeiten, das Trauma bewältigen könnten. Doch wir waren uns auch darüber einig, dass es sehr lange Zeit dauern würde, bis wir ohne Schmerz an diese Tage denken konnten, falls dies überhaupt möglich sein sollte. Wie bei körperlichen ist es auch bei seelischen Schmerzen: Phantomschmerzen werden immer wieder aufflackern.

Am nächsten Tag begannen wir, der Bevölkerung bei den Aufräumarbeiten zu helfen. Die Behörden hatten mittlerweile schon Desinfektionsmittel verteilt. Wir begannen, aus den noch stehenden Häusern allen Schlamm zu entfernen, sie zu reinigen und zu desinfizieren. In diesen Tagen war jede hilfreiche Hand gefragt. Die Desinfektionsmittel griffen unsere Hände stark an. Sie waren rot, aufgebrannt und angeschwollen. Doch es berührte uns nicht sonderlich. Wenn erreicht war, dass eine Familie wieder in ihr Haus zurückkehren konnte, waren wir unendlich stolz. Diese Tage waren trostlos und schön zugleich. Schön wegen des Zusammengehörigkeitsgefühls aller Menschen. Um das verstehen zu können, muss man es erst einmal selbst erlebt haben – oder etwas Ähnliches. In dieser Zeit schien es so, als hätte jeder seinen menschlichen Egoismus vergessen.

Mein Abreisetag rückte immer näher. Eigentlich wollte ich gar nicht nach Hause. Ich fürchtete mich sogar davor, obwohl ich von meiner Tochter und den Freunden bedrängt wurde, zurückzufliegen. Alle fragten mich, was ich denn noch in Sri Lanka wolle, da doch jetzt alles kaputt wäre. Ich gab es auf zu erklären, was mich dort hielt, es wollte oder konnte mich ohnehin niemand verstehen. Mein Rückflug war für den 5. Jänner gebucht. Der Flugverkehr mit Colombo begann sich wieder zu normalisieren. Jedenfalls erfuhr ich bei meinem Telefonat mit Austrian Airlines, dass die Maschine planmäßig fliegen würde. Frühmorgens brachen wir mit John auf, um nach Colombo zu fahren. Die Straße war wieder normal passierbar. Schon um 8 Uhr waren wir bei Ireen im Krankenhaus, und ich verabschiedete mich von ihr. Sie versprach mir, über Wien nach Irland zu fliegen und nicht über London. Hätte ich an diesem Tag geahnt, dass sie erst am 28. Feber zurückfliegen konnte, ich wäre nie ins Flugzeug gestiegen.

Die sonst so bürokratischen österreichischen Behörden erstaunten mich. Im Flugzeug warteten Sanitäter und Ärzte des österreichischen Roten Kreuzes, außerdem waren zusätzliche Flugbegleiter an Bord. Man kümmerte sich vorbildlich um uns Passagiere.

Im Flugzeug brach ich endgültig zusammen. Ich fühlte mich auf einmal vollkommen allein – allein mit all den Erinnerungen an die Katastrophe, den Erinnerungen an Cathleen – allein und von ihnen erdrückt. Ich weinte, weinte, weinte ... Ich verabscheute meine Tränen, ja, ich hasste mich dafür, dass ich sie vergoss, doch ich konnte ihnen Lauf nicht stoppen. Sofort kümmerten sich geschulte Kräfte vom Roten Kreuz um mich. Ein Arzt injizierte mir ein leichtes Beruhigungsmittel. Während des gesamten Flugs ließ man mich nicht allein.

Teil III

Zurück in Wien

In Wien-Schwechat gelandet, kam ich schnell durch die Kontrolle. Aufs Gepäck musste ich nicht warten, ich hatte doch keines mehr. Alle meine Sachen waren der Flutwelle zum Opfer gefallen.

Hannes und Judith holten mich vom Flughafen ab. Sie hatten warme Winterkleidung und Schuhe aus meiner Wohnung mitgebracht. So konnte ich mich umziehen und musste nicht in leichter Sommerkleidung in die Kälte hinaus.

In meiner Wohnung tranken wir zusammen Kaffee und sprachen noch eine Weile miteinander, bis sie sich wieder verabschiedeten.

Schnell, sehr schnell merkte ich, dass kein Mensch zu Hause verstand, was in mir vorging. Ich wurde mit all meinen plastischen gespenstischen Bildern mutterseelenallein gelassen und fühlte mich wie ein pestkranker Mensch, den die anderen unbedingt meiden mussten. Bei schwerwiegenden Problemen wird man leicht isoliert, wie Hofmannsthals „Jedermann". Vorher stets bereit, mit ihm rauschende Feste zu feiern, verschwindet die „Staffage", sobald der Sensenmann leibhaftig auftaucht. Diese Erkenntnis traf mich zuerst wie ein ätzender Peitschenhieb. Der ohnehin schon tief sitzende Schmerz wurde durch das Unverständnis meiner Umgebung fast unerträglich verstärkt. Alle blickten sie durch mich hindurch, als wäre ich eine Glasscheibe. Möglicherweise hatte man vor meiner Abreise zu viel Zeit in mich investiert, denn nach meiner Rückkehr war ihr Zeitkonto plötzlich erschöpft.

Von Beamten des auswärtigen Amtes wurden die Daten aller Rückreisenden bereits im Flugzeug aufgenommen. Daher besuchten mich bereits am übernächsten Tag ein Psychologe des Roten Kreuzes und seine Assistentin in meiner Wohnung. Sie sprachen lange mit mir und rieten mir dringend zu einer Therapie zur Traumabewältigung.

Allzu lebhafte Erinnerungen an Tod und Vernichtung werden mich noch lange begleiten und höchstwahrscheinlich immer wieder heimsuchen. Egal, ob man Tourist oder Einheimischer ist: Derartige Naturkatastrophen verleihen wenigen Augenblicken ewige Gegenwart.

In den ersten Wochen in der Heimat dachte ich noch, dass es für mich gewiss das beste Heilmittel wäre, so schnell wie möglich wieder nach Sri Lanka zu reisen, um zu sehen, wie der Wiederaufbau vonstatten ging. Zu sehen, dass es aufwärts ging. Ich vermutete, dass dies wohl der beste Weg wäre, mein Trauma zu verarbeiten.

In meinem Bekanntenkreis war es unmöglich auszusprechen, was in mir vorging. Ich bekam Aussagen zu hören wie: „Das Land soll die Chance nutzen, sicher steht es mit den vielen Spendengeldern bald besser da als jemals zuvor!" – „Hätten sie anständig gebaut, hätten die Häuser auch standgehalten." Am schlimmsten fand ich die Ansicht: „Jetzt müssen sie halt mehr arbeiten als beten!" Derartig unqualifizierte Aussagen von Leuten, die das Land gar nicht kennen, und sich auch nie für seine Menschen interessiert haben, schmerzten mich sehr. Immer mehr zog ich mich von meiner Umwelt zurück.

Quälende Träume verfolgten mich Nacht für Nacht. Die Welle trug mich mit meinem Bett hinaus aufs Meer, bis ich schließlich darin versank. Cathleen, die vor ihrem Spiegel saß und sich schminkte, lachte mir spöttisch zu. Mit hohntriefender Stimme rief sie: „Auch wenn du glaubst, mich los zu sein, du entkommst mir nicht!" Irre begann sie loszulachen. Meist schreckte ich aus diesen Träumen hoch und wachte schweißgebadet auf.

Dies ging so weit, dass ich mich am Abend davor fürchtete, einzuschlafen. Wochenlang sah mich mein Bett nicht mehr. Ich schlief vor Erschöpfung irgendwann im Wohnzimmer vor dem Fernseher ein. Als mich dann sogar am helllichten Tag Fantasien heimsuchten, war es dringend an der Zeit, Hilfe in Anspruch zu nehmen.

Aus meiner Tasse mit schwarzem Kaffee griffen Cathleens Arme nach mir. Immer wieder hörte ich, wie sie sagte: „Du hast mich in den Tod geschickt, daher hast du keine Lebensberechtigung mehr." Dann wieder lockte sie mich mit den schönsten Worten, zu ihr zu kommen. Wenn ich mich jedoch einmal zwang, hinauszugehen, durch die Stadt zu wandern, dann war sie, quicklebendig plaudernd, neben mir. Unter der Dusche griffen die Wellen nach mir, bis ich mir einbildete, geisteskrank zu sein.

Jetzt war ich wirklich endgültig therapiereif. Ich hatte Glück, ich kam an eine hervorragende Therapeutin, die mir sehr half. Allein hätte ich aus diesem Zustand nie herausgefunden.

Ich hatte schon einige Sitzungen hinter mir, als es am 28. Februar endlich so weit war, dass Ireen nach Hause fliegen konnte. Sie blieb drei Tage bei mir, bevor sie nach Irland flog. Glücklich fielen wir einander in die Arme, als ich sie am Flughafen abholte.

Gesundheitlich wäre sie schon Ende Jänner in der Lage gewesen, den Heimflug anzutreten, ihr ging es jedoch wie mir, sie wollte ebenfalls noch im Land bleiben. Auch für sie war es heilsam, noch etwas am Ort der Ereignisse zu sein. Gemeinsam Erlebtes lässt sich gemeinsam besser aufarbeiten. Regine war glücklich, zumindest eine ihrer Freundinnen um sich zu haben. Sie stürzte sich mit all ihrer Energie in den Wiederaufbau ihres Gästehauses, der große Fortschritte machte. Ireen erzählte mir aber auch von den vielen Menschen, noch immer in Zelten lebten, von jenen, die noch keine Hilfe bekamen, sowie von jenen, bei denen ein Ende der bedrückenden Zustände noch in weiter Ferne lag. Ich bekam den Eindruck, dass Ireen dies alles viel besser verarbeitet hatte als ich.

Ich war und bin heute noch der Meinung, dass ihr die Zeit in Sri Lanka während des beginnenden Wiederaufbaus bei der Aufarbeitung der Geschehnisse sehr geholfen hat. Wieder wuchs das Verlangen in mir, sofort in das nächstmögliche Flugzeug zu steigen und nach Sri Lanka zu fliegen, um mit eigenen Augen zu sehen, was sich seit dem Unglück alles getan hatte, und um zu helfen, wo es möglich war.

Aber helfen? Helfen womit? Mir fehlten die finanziellen Mittel. Keine Hilfsorganisation wollte mich mitnehmen, sie waren nicht interessiert an meiner Hände Arbeit. Sie wollten niemanden, der das Trauma miterlebt hatte. Es war auch egal, ob ich das Land gut kannte oder nicht. Ich verstehe das bis heute noch nicht.

Die Gespräche mit Ireen taten mir sehr gut und trugen viel zur Verbesserung meiner psychischen Verfassung bei. Sie war auch überzeugt davon, dass es ihr wohl nicht anders gegangen wäre, wenn sie so viel gesehen hätte wie ich. Sie war bis Ende Jänner im Krankenhaus. Bei der Katastrophe selbst hatte sie das Bewusstsein verloren und konnte sich nur an die Welle und an die Zeit im Krankenhaus erinnern. Die schlimmsten Bilder der Zerstörung blieben ihr erspart. Sie fürchtete sich vor dem Nachhausekommen, denn ihre Schwester Fiona hatte Sri Lanka bereits am 12. Jänner verlassen können. Sie hatte auch weit mehr bewusst miterlebt als Ireen. In späteren Telefonaten erfuhr ich von ihr, dass es Fiona ähnlich erging wie mir, sie war jedoch zu keiner Therapie bereit. Auch sie zog es zurück nach Sri Lanka.

Ireen erzählte mir auch von der Vorgangsweise der Behörden. Sie hatten Gebühren für die Lagerung der Hilfsgüter kassiert. Die Medikamente wurden teilweise aber nicht richtig gelagert. Es war viel zu heiß, und sie liefen Gefahr zu verderben. Wenn die Lagergebühren dem staatlichen Hilfsfond zufallen würden, könnte ich durchaus verstehen, dass sie eingehoben werden, aber ich kenne das Land und habe darum große Zweifel.

5.000 Rupien erhielten Beachboys vom Staat als Entschädigung, da sie an den Touristen nichts mehr verdienen konnten. Sie mussten dafür nicht arbeiten. Die Ärmsten, die alles verloren hatten, wurden zum Reinigen der Strände verpflichtet. Dafür bekamen sie 200 bis 300 Rupien pro Tag. Das war eine gute Entscheidung, es ist allerdings auch eine schwere Arbeit. Grundsätzlich war dagegen nichts einzuwenden, aber warum bekamen die Sargnägel aller Touristen 5.000 Rupien pro Monat, ohne dass sie einen Finger krumm machen mussten? Hätten sie nicht ebenso bei den Aufräumarbeiten mithelfen können? Besonders Schlaue kassierten sogar mehrmals ab, da sich alle Brüder und Verwandten ebenfalls als Beachboys deklarierten, sie waren schließlich an keiner Stelle registriert. Ich denke, in dieser Zeit hatte Sri Lanka die doppelte Anzahl an Beachboys als sonst.

In große Unruhe versetzten mich die Berichte über die stark ansteigende Kinderprostitution. Was tun?, dachte ich immer wieder. In Österreich sind mir die Hände gebunden. Mein Drang zurückzufliegen wurde immer stärker.

Drei Tage später brachte ich Ireen wieder zum Flughafen. Wehmütig sah ich ihr nach, als sie durch die Passkontrolle verschwand. Wieder war ich allein mit meinen Erinnerungen und all meinen schrecklichen Fantasien.

Langsam begann die Therapie zu wirken. Ich wurde etwas ruhiger. Die Tage wurden wieder erträglicher, doch die nächtlichen Träume konnte ich immer noch nicht bannen.

Dann kam der 28.3.2005: Erdbeben vor Sumatra, Stärke 8,7, ca. 18 Uhr MEZ, Tsunami-Warnungen im Indischen Ozean. Schrecken, Panik, Angst!

Laufend Meldungen auf CNN, Euro-News und ntv. Ich schaffte es nicht, mich vom Fernsehapparat zu lösen, die Berichte abzuschalten. Ich durchlebte die Tage vom 26.12. bis 30.12.2004 in meiner Fantasie noch einmal. Der Horror kehrte zurück.

Zurückfliegen, unbedingt zurückfliegen! Ich konnte nicht mehr widerstehen. Dann dachte ich wieder an meine Therapie, an meine

Verpflichtungen zu Hause. Was war richtig? Was war falsch? Ich wusste es nicht mehr. Am Dienstag darauf besorgte ich mir über meinen Freund im Reisebüro ein Standby-Ticket. Mit dem Ticket in der Hand begann ich etwas ruhiger zu werden. Es wirkte wahrscheinlich schon die Gewissheit, dass ich jederzeit fliegen konnte, sobald ich wollte. Einen Platz zu finden würde kein Problem sein, außerhalb der Saison waren die Flugzeuge für diese Destination nie ausgebucht.

Nun begann die Zeit des „einmal fliegen ja, einmal fliegen nein". Regine erlöste mich aus meinem Zwiespalt. Sie rief mich an. „Du, Anna, ich komme am Montag nach Österreich. Ich muss meine Mutter besuchen. Sie muss sehen, dass es mir gut geht, sonst findet sie keine Ruhe!" Ich freute mich sehr. Die Aussicht, wieder eine der Freundinnen in der Nähe zu haben, half mir, mich zu beruhigen.

Als ich sie am Flughafen begrüßte, waren wir beide sehr froh, einander zu sehen. Wir gingen zum Italiener in der Ankunftshalle und plauderten, wir plauderten so lange, dass Regines Mutter uns suchen musste und auf meinem Handy anrief. Wir hatten die Zeit komplett vergessen.

Regines Berichte über die Kinderprostitution erschütterten mich sehr. Mehr jedoch noch, dass es die Polizisten waren, die diese pädophilen, perversen Europäer zu den Kindern brachten und dafür auch noch Geld nahmen.

Es war nicht verwunderlich, dass ich die Opfer und die Überlebenden nicht mehr eindeutig einer Rolle zuordnen konnte. Wer war denn nun ein Opfer? Sind nicht die vielen toten Kinder womöglich die Glücklicheren? Blieb ihnen nicht ein Schicksal, das grausiger und lebenszerstörerischer gar nicht sein kann, erspart? Sind nicht viele der überlebenden Kinder die wahren Opfer?

Trotzdem verbrachten Regine und ich eine schöne Zeit miteinander. Als ich ihr erzählte, dass ich bereits ein Standby-Ticket für Colombo hatte, freute sie sich zuerst sehr. Dann riet sie mir aber, noch zu warten und erst später zu fliegen. „Die Zustände sind noch immer schrecklich für die dortige Bevölkerung. Du bist dem nicht gewachsen", sagte sie. „Wenn du siehst, wie viele unserer Bekannten noch immer erbärmlich hausen müssen, beginnst du dich zu fragen, wo denn die vielen Spendengelder hingekommen sind."

Jene, die ihre Häuser unmittelbar in Strandnähe stehen gehabt hatten, dürfen nicht mehr an derselben Stelle bauen, sie bekommen ein Ersatzgrundstück von der Regierung. Meistens sind diese Grundstücke aber nicht so gut wie die früheren. Was wird geschehen? Die Privilegierten werden sich die besten Grundstücke am Strand unter den Nagel reißen und noch mehr Hotels und Gästehäuser hinstellen, und die Einheimischen werden froh sein müssen, wenn sie mit Almosen und einem minderen Land abgespeist werden. Nachdem ich von Regine erfahren hatte, dass die Insel noch immer eine Hochburg der Korruption ist, wurde ich traurig. Sollte ich fliegen, sollte ich nicht? Ich wusste es nicht. Einen Tag, bevor Regine den Rückflug antrat, begann ich meinen Koffer zu packen. Mit der Fluglinie hatte ich gesprochen und mir meinen Platz gesichert. Nun war es so weit, das Taxi war bestellt. Ich saß im Speisezimmer: Sollte ich? Sollte ich nicht?

Nachwort

Zweifellos ist es eine außergewöhnliche Fähigkeit, sich in andere Menschen, in Tiere und in die Natur hineinzuversetzen, zumindest in dem Maße, dass zuvor vollkommen Unverständliches ansatzweise verständlich wird. Guter Wille hilft uns, großen Rätseln nachzuspüren. Das Gespür des sechsten Sinns ist noch zielführender dabei, die Schleier zu lüften.

Wie viele Menschen sicher wissen, gibt es auch Fälle, leider meistens Unfälle oder höchst unerfreuliche, dramatische Ereignisse, die es völlig überflüssig machen, sich einfühlsam in sie hineinzuversetzen, weil man mit Wucht in sie hineingezogen wird. Besonders furchtbar an solchen physischen und emotionalen Kollisionen ist die Tatsache, dass solche Verhängnisse immer wieder vorkommen, mitunter Jahre später, manchmal sogar mehrmals in einem Leben ...

Eine gute Therapie vermag Schmerzen zu lindern, allerdings sind traumatische Erlebnisse oft so zäh, dass sie sich kaum gänzlich auslöschen lassen. Auch fünf Jahre danach erlebe ich noch immer die Fluten des Tsunami, der Sri Lanka am 26. Dezember 2004 urgewaltig heimsuchte, fast genauso intensiv, als müsste ich wieder – um jeden Preis – versuchen, mein nacktes Leben zu retten. Ein „unangemeldet" wiederkehrender Schock, der Betroffene plötzlich plastisch in die Vergangenheit zurückversetzt, kann, glaube ich, auch als „Tsunami", als „emotionaler Tsunami", bezeichnet werden, weil solche beharrlich wiederkehrenden Erlebnisse wie plötzliche Flutwellen auftauchen und die Fliehenden in hellwache Albträume verstricken. Wie gesagt, eine gute Therapie, auch speziell angewandte Autosuggestionen, können entscheidend helfen, wiederkehrende Ängste abzuschwächen, aber auch nicht die besten TherapeutInnen und noch so viele Suggestionen schaffen es, diese Ängste gänzlich auszuräumen.

Wer Sri Lanka liebt und den Tsunami erlebt und überlebt hat, blickt nicht nur auf die unmittelbaren Folgen der Katastrophe zurück, sondern fragt sich, vielleicht kühn, aber nicht ganz unberechtigt, ob es nicht doch möglich gewesen wäre, den damals entstandenen Schäden weniger „Spielraum" zu geben. Es mag zwar faszinierend sein, das Meer aus nächster Nähe zu sehen. Was aber, wenn die Hotels mehrere hundert Meter weiter landeinwärts erbaut worden wären und man die Vegetation, die früher die Strände geschützt hatte, nicht beseitigt hätte? Wären dem gigantischen Unglück dann weniger Menschen zum Opfer gefallen? Abgesehen davon, dass noch immer nicht genau geklärt ist, inwieweit die Verantwortlichen der betroffenen Länder vorher gewarnt worden waren und nicht reagiert hatten. Besonders was Thailand betrifft, gibt es hartnäckige Gerüchte.

Das menschliche Versagen bestand auch darin, den Tieren, die sofort einsichtig reagierten, also möglichst schnell flohen, nicht gleich zu folgen. Hotels, die fast als Hausboote am Meer aufgestellt sind, sprechen von zweifacher Gier, von der Geldgier der Betreiber und von der Gier der sonnensüchtigen Klientel, die die Natur auf Knopfdruck bedienen und nicht einmal einige Schritte über den Sand gehen will.

Gewiss fragen sich auch viele andere leidenschaftliche und zugleich kritische Freunde von Sri Lanka, die auch Freunde der besonders gastfreundlichen Einwohner sind, was sich seither verändert hat.

Es brodelte in diesem Land, wie in vielen anderen Ländern des Kontinents, schon vorher aus religiösen, politisch-wirtschaftlichen und sozialen Gründen, die engstens miteinander verflochten sind. Moslems, Hindus und Buddhisten finden – erfinden – immer wieder Gründe, aus ihren Religionen Kriege, meist Bürgerkriege, hervorzubringen. Es ist außerordentlich tragisch, dass die religiösen Fanatiker sich so wenig um die wahren Bedürfnisse der Menschen und um den Frieden sorgen. Wie in vielen anderen Teilen der Erde auch schaffen gravierende soziale Unterschiede heftige Spannungen. Das immer noch sehr starre System müsste aufgetaut werden. In Indien, wie in Sri Lanka, müssten fortschrittliche Regierungen die allzu krassen Gegensätze zwischen Armen und Reichen ausgleichen.

Ich finde, wir sollten uns – als stets liebenswürdig empfangene Besucher – genau überlegen, was wir außer Devisen noch mitbringen könnten und mitbringen sollten. Vielleicht glückt es uns, eine Plattform zu gründen, die aus den ausländischen Freunden Sri Lankas besteht. Jeder treue Gast muss sich selbst und möglichst viele andere daran hindern, dieses freundschaftliche Interesse an Land und Menschen bei der Abreise an der Hotelpforte enden zu lassen.

In meiner Vorfreude, Sri Lanka bald wieder zu besuchen, schmiede ich ehrgeizige Pläne …

Über die Autorin

Anna Beier wurde 1953 im Salzkammergut geboren und lebte dort bis zu ihrem 27. Lebensjahr. Nach ihrer kaufmännischen Lehre absolvierte sie Zusatzausbildungen in Steuerrecht, Sozialversicherungsrecht und Arbeitsrecht und war im Rechnungswesen tätig.

Sie bereitete lange Zeit Bücher für Blinde auf, teilweise in Braille-Druckform, meist jedoch in elektronischer Form, überwiegend Schulbücher und klassische Literatur.

Sie ist seit 1987 geschieden und hat drei mittlerweile erwachsene Kinder.

Die Liebe zum Schreiben und der Wunsch, benachteiligten Kindern zu helfen, beeinflussen schon lange ihr Leben. Der Tsunami hat ihre Lebenseinstellungen und Werte in verschiedenster Hinsicht verändert, und vieles hat für sie seitdem eine andere Bedeutung.

Aus dem Programm des Verlags Liber Libri Wien

Henrike Müller-Moll
EIN RABENAAS WIRD 60
Heitere Betrachtungen über
das Älterwerden und andere Phobien
116 Seiten, EUR 17,80/sfr 32,30
ISBN 978-3-85481-055-1

Der sechzigste Geburtstag ist ein gefürchtetes Datum, doch der normale Alltag läuft ungerührt weiter und der Autorin fallen vor allem komische Situationen, Erlebnisse und Begegnungen ein.
  Sie fragt sich, warum ihr kosmetische Behandlungen so ein Gräuel sind, wie die effektivste Vorbeugung gegen rasante Faltenbildung aussehen könnte, mit wem sie gerne auf eine einsame Insel fahren würde, welche Sportarten sich besonders für Senioren eignen und warum chronische Nörgler nie eigene Feste ausrichten. Die aufmüpfigen und humorvollen Gedanken einer junggebliebenen Frau über Vorurteile und das unsinnige Benehmen mancher Zeitgenossen und über ihr eigenes, nicht selten absurdes Verhalten.

Traude Litzka
DIE UNTERMIETERIN
Autobiographischer Roman
184 Seiten, EUR 19,80/sfr 36,00
ISBN 978-3-85481-049-0

Eine junge Familie kommt nach dem Kriegsende nach Wien zurück. Während ihrer Abwesenheit wurde in ihre leerstehende Wohnung eine ausgebombte Witwe, Frau Zottler, einquartiert.
  Besonders den Kindern, Lotte und Franz, bringt die Anwesenheit der alten Frau Probleme, denn so freundlich sie vor den Erwachsenen ist, so boshaft und unangenehm ist sie zu den beiden. Auch der kleine Nachbar, Mendel, hat bei dieser Frau nichts zu lachen. Als Überlebender des Holocaust hat er ohnehin bei seinen Mitschülern einen schweren Stand, denn durch sein Aussehen und seine polnische Aussprache wird er zum Gespött seiner Kameraden, und Frau Zottler macht ihm das Leben noch zusätzlich schwer.
  Lotte und Mendel schließen Freundschaft. Besonders als Frau Zottler plötzlich stirbt und Lotte glaubt, dass sie schuld ist am Tod der alten Frau, erweist sich Mendel als treuer Freund ...

Alice Bartl
WARTE NUR, TERPSICHORE …!
Autobiographischer Roman
338 Seiten, EUR 22,80/sfr 41,50
ISBN 978-3-85481-043-8

Die Autorin erzählt vom Leben in Wien während des Zweiten Weltkriegs, von den Nöten und kleinen Freuden der WienerInnen. Sie selbst begann als junges Mädchen aus gesundheitlichen Gründen zu tanzen und entdeckte bald ihre Begabung und ihre Leidenschaft für diese Kunst. Mit ihrer lebhaften Schilderung lässt sie die Zeit und ihre Menschen plastisch und nachvollziehbar erscheinen.

Helga Schicktanz
GESCHICHTEN AUS DEM BUCHBLÄTTERBAUM
Geschichten für Lesehungrige
184 Seiten, EUR 26,00/sfr 47,30
ISBN 978-3-85481-053-7

Helga Schicktanz erzählt phantasievolle, absurde, skurrile, bunte, herzensgute Geschichten für Kinder und andere Menschen. Endlich erfährt man etwas über das geheime Leben der Zahnbürsten, die dramatische Liebesaffäre einer Mandel oder die fehlgeleiteten Sehnsüchte einer Kinderschaukel … und vieles mehr.

Jürgen Leyerer
FLUCHT NACH ALTAUSSEE
184 Seiten, EUR 19,80/sfr 36,00
ISBN 978-3-85481-046-9

Das Kriegsende und die Flucht aus Baden bei Wien nach Altaussee im steirischen Salzkammergut aus der Sicht eines Buben: beängstigend und aufregend zugleich. Mit seinen kleinen und großen Nöten und Abenteuern, seinem genauen Blick und seinen späteren Reflexionen bietet der Autor ein gutes Bild jener Zeit und jener Orte.